깊은협동을
위한
작은안내서

깊은 협동을
위한
작은 안내서

김신양 지음

노동의 협동·자본의 협동·생각의 협동

COOPERATIVE

착한책가게

《깊은 협동을 위한 작은 안내서》
개정증보판 발간을 위한

협동운동의 전개

'생산자는 소비자의 건강을 책임지고 소비자는 생산자의 생계를
책임진다.'

한국의 소비자생활협동조합운동은 이러한 서로돌봄과 운명
공동체의 정신으로 탄생했습니다. 그리고 이것은 생산자는 더
비싸게 팔고 소비자는 싼값에 사려는 적대적인 관계로 만나는
자본주의경제와 사회적경제의 차이를 드러내주는 상징이 되
었습니다.

이 전통은 사회적경제 초기 선구자들의 실천 활동에서 시작
되어, 현대에 이르러 한 사회 내 생산자와 소비자의 협동을 넘
어 남부의 가난한 생산자 및 노동자와 북부 소비자 간의 공정
무역으로 그 지평이 넓어졌습니다.

이번 책 발간 또한 이러한 전통을 계승합니다. 건강한 협동조합운동의 생태계를 조성하려면 교육과 훈련과 정보제공이 꼭 필요하고, 그 기반을 만드는 데 가장 중요한 역할을 하는 곳이 책을 만드는 출판사입니다. 출판사가 우리 협동조합의 조합원들에게 필요한 책을 만들어주기를 원한다면 우리 소비자 독자들이 결속하여 시장이 되어주어야 할 것입니다. 그래야 출판사는 돈 걱정에 주저하지 않고, 홍보와 마케팅과 유통 때문에 시간을 뺏기지 않고 오로지 좋은 책을 만드는 데 집중할 수 있을 것입니다.

이런 취지로 공동생산 제안에 선뜻 나서주신 분들이 있습니다. 개인적으로 연락을 드렸는데 본인이 참여하고 소속 단체를 움직였습니다. 내 일처럼 나서서 주변에 알려 참여를 독려해주셨습니다. 선구매 약속으로 판매 걱정을 덜어주시고 후원 약속으로 적자 걱정에서 해방되게 해주셨습니다.

그 고마움에 응답하기 위하여 저자와 출판사는 정가를 낮추고, 선구매와 후원에 참여하신 분들께는 부수와 상관없이 권당 1만원에 제공하기로 결정했습니다. 널리 읽히도록 후원해주신 덕분에 가능했습니다. 택배로 보내지 않고 짊어지고 가서 일일이 다 전달하고 싶은 마음입니다.

그래서 이 책의 공동생산자로 이름을 올리고, 참여하신 이유를 소개하고자 합니다.

● 참여 한마디 ●

개인

강봉심(서울 노원 함께걸음 의료사협, 어르신휴센터)

이 책은 '무엇을 협동할 것인가 그리고 어떻게 협동할 것인가에 대한 독자의 응답'이라고 감히 말해본다. 《깊은 협동을 위한 작은 안내서》 버전 업이 늘 아쉬웠다. 협동조합 입문서로 이만한 책이 없는데 책을 구하기도 어렵고 내용도 조금 더 보충했음 싶었다. 2024년! 그 오래된 바람이 기적처럼 이루어졌다. 오랫동안 책을 기다려온 우리들은 저자의 집필에 필요의 협동, 애정의 협동, 자본의 협동으로 응답하였다. 기다린 보람을 안겨주신 김신양 선생님, 고맙습니다~~~

박찬무(충남 천안 사회적기업 즐거운밥상)

협동조합 덕후의 삶과 지혜에 대한 무한신뢰

박준영(원주시 사회적경제지원센터)

저자의 지난 책들을 통한 소통은 이론과 현장을 연결하는 큰 자산이었습니다. 이번 책도 현장의 막힌 길을 시원하게 뚫어줄 것을 기대합니다.

장동순(천안사회적경제지원센터)

협동조합에서 조합원의 참여, 구성원에 의한 민주적 관리, 이해관계자와의 협동은 어떻게 가능한 것인가? 사회적경제에 발을 들인 활동가라면 수없이 되새기는 질문일 것입니다. 이 책은 그 현장 문제에 가장 섬세하게 접근하여 큰 통찰을 주는 결코 작지 않은 안내서입니다.

정원일(한살림충주제천)

김신양 선생님의 글은 때로는 정신 바짝 드는 고승의 죽비처럼, 때로는 영혼까지 따뜻해지는 친누이의 밥상처럼 다가옵니다. 이번 책도 협동하는 모든 친구에게 격려와 위로가 되길 바랍니다.

박종숙(함께주택협동조합, 서울 마포구)

공동이 소유한 재산을 관리하고 공동이 만든 조직을 운영하는 비법이 담겨 있어요. 협동조합을 이해하고 운영하려는 분들께 권하고 싶어요.

살림의료사협(서울 은평구)

2025년 살림 임직원 함께공부하기 책으로 사용하려고 합니다!
'깊은' 협동으로 한 걸음 더~

박종희(사회적협동조합 협동조합친구들, 충북 청주)

이 책이, 협동을 꿈꾸는 이들에겐 따뜻한 용기가 되고, 처음 길 떠나는 협동조합엔 친절한 길잡이가 되고, 가다가 힘든 협동조합엔 처음을 돌아보며 다시 새 힘을 얻어 더 '깊은 협동'을 향해 나아가는, 작지만 오래가는 '협동조합운동'의 도구가 되길 빕니다!

신은옥(더나은도봉시민협력네트워크)

협동을 위한 큰 실천을 이끄는 협동을 위한 작은 안내서

모임, 단체

모심과살림연구소
《깊은 협동을 위한 작은 안내서》를 구하기 어려워 안타깝던 차에 개정판 발간 소식을 반기는 분들이 많았습니다. 이 책은 협동과 상생의 삶, 실천하며 가슴 뛰는 삶을 살고자 하는 이들에게 영감을 주고 길잡이가 될 것입니다.

'성공회대 사회적경제대학원 협동조합 MBA 4기' (대표 주가연)
소비자생활협동조합운동은 음의 상관관계로 이해되었던 생산자와 소비자를 공존을 위한 좋은 파트너로 인식하게 해주었고, 나의 작은 소비가 우리의 건강과 생태계를 어떻게 살릴 수 있는지를 경험하게 해주었습니다. 그 안에는 모두의 협동이 녹아져 있음도 배웠습니다.
그리고, 늘 믿고 공부하는 김신양 선생님의 책은 사회적경제 현장에서 뛰고 있는 우리 동기 선생님들에게 항상 깊은 성찰의 시간을 주었고, 이론적 경험치를 성장시켜주었습니다.
좋은 책은 혼자 읽지 않습니다. 이번 개정판도 우리 동기선생님들과 함께 읽고 나누며 실천적 협동의 의미를 되새겨보겠습니다.

충남사회경제네트워크
더 깊은 협동으로 더 넓은 공동체로

원주협동사회경제네트워크
원주 협동네트워크의 새로운 정체성을 모색하고 활로를 찾는 길에 큰 방향성을 제시해주는 책입니다

전주의료사협

제대로 된 깊은 협동을 위한 필독서!!!

하늘지기꿈터사회적협동조합(충북 청주)

우리는 단 한순간도 혼자였던 적이 없었지만 함께임을 느끼고 힘을 발휘하기 위해서는 공부가 필요합니다. 결코 작지 않은 《깊은 협동을 위한 작은 안내서》 개정판 발간을 응원합니다.

사회적협동조합 충주교육넷

조합원들과 깊은 협동으로 새롭게 출발하는 〈사회적협동조합 충주교육넷〉의 안내와 학습의 길잡이가 되어줄 든든한 길동무를 만나 너무나 큰 힘이 됩니다.

우리동물병원생명사회적협동조합(서울 마포구)

협동조합에 대한 뜨거운 마음을 바탕으로 쓰인 선생님의 책들은, 협동조합의 철학과 역사를 배우며 지금 우리가 어떻게 협동할 것인지를 울렁거리는 마음으로 고민하게 만듭니다. 이번 출간에 함께 협동하게 되어 기쁩니다.

서울도봉지역자활센터

"자율과 노동, 협동의 가치가 자활사업에서 숨 쉬면 좋겠습니다."라는 구호를 걸고 도봉구에서 자활사업을 하고 있습니다. 이 책은 구호에 걸맞은 활동을 할 수 있게 작은 힘이 되어줄 것으로 생각합니다.

다다름공작소(방앗골복지관, 서울 도봉구)

앞선 이들의 걸음에 힘이 되어주는 길섶에 핀 이름 모를 꽃들의 위안 같은 그런 책일 거라고 믿어요.

도담마을사회적협동조합(서울 도봉구)

함께 만들어간다는 '협동'의 의미가 아름답지만 이토록 어려울 수 있나 또 고민하게 됩니다. 개정판 발간에 함께하는 것으로 노동의 협동, 자본의 협동, 생각의 협동을 만들어가는 시작을 도담마을에서 구현하고 싶습니다.

상주의료복지사회적협동조합

꼭 필요한 책이 출간된다는 사실도, 그 책의 공동생산자가 될 수 있다는 사실도 기쁩니다. 이 책이 협동조합의 새로운 역사를 만드는 시작점이 되기를 기대합니다.

상주다움사회적협동조합

협동조합의 마중물! 깊은 샘물을 마중하여 세상과 소통하게 하고 협동하게 하는 협동조합의 마중물이 되리라 믿어 의심치 않습니다.

상주로컬푸드협동조합

농사밖에 모르는 조합원들이 협동조합을 이해하고 공부하는 데 길잡이가 되는 책 발간에 참여할 수 있어서 기쁩니다. 이 책으로 인해 길동무들이 더 많이 생겼으면 합니다.

차 례

개정증보판 서문 14

1장 협동하는 사람 33

1. 우리는 협동하기 위해 협동조합을 만들었다 35

1) 무엇을 협동할 것인가? 37
2) 어떻게 협동할 것인가? 39
3) 어떻게 조합원이 주인노릇을 하게 할 것인가? 42

2. 협동하는 관계 46

1) 호혜적 협동 47
2) 구조적 협동 52

2장 협동의 조직, 협동조합 57

1. 협동조합의 탄생과 협동조합운동의 발전 60

1) 협동조합은 언제, 어디서, 어떻게 시작되었을까? 60
2) 평화를 위한 협동조합운동 65

2. 협동조합의 정체성 70

1) 정의 : 본질(주체), 목적, 방편 71
2) 가치 : 조직의 가치, 조합원의 가치 81
3) 원칙 : 협동조합의 레시피 86

3. 협동조합의 양 날개, 결사체와 사업체 91

1) 결사체로서의 협동조합과 기업으로서의 협동조합 92
2) 한쪽 날개로는 날 수 없다 95

3장 협동조합의 주인과 주인노릇 99

1. 협동조합의 주인 103

1) 조합원은 누구인가? 105
2) 조합원을 맞이하고 그의 자리를 찾아주는 '조합원제도' 108

2. 협동조합의 돈 : 자본의 협동 122

1) '출자금은 입장료가 아니랍니다' 124
2) 잘 모으고 제대로 써야 하는 협동조합의 돈 126

3. 협동조합의 민주주의 : 생각의 협동 139

1) 아무도 나 대신 내가 원하는 것을 해주지 않는다 141
2) 통제는 권리, 간섭은 오지랖 143

4장 협동 구조 147

1. 협동조합의 운영과 경영 149

1) 협동조합 조직 분석의 도구: '협동조합 4변형' 150
2) 협동조합의 두 축과 상호의존성 152
3) 협동조합 두 축의 균형과 4주체의 상호작용 154
4) 문제를 직면하지 않는 문화 157

2. 운영 구조와 방식 160

1) 총회(general assembly) 161
2) 이사회(board of directors) 165
3) 대의원(delegates) 169
4) 조합원 모임 172
5) 이사, 대의원, 조합원을 가로지르는 위원회와 자치 175
6) 주인을 만드는 리더십 178

5장 협동조합의 생명 181

1. 나다운 협동조합 184

2. 서로 돌보는 조합원 187

3. 협동조합 지역사회 194

● 공동생산에 참여한 분들 198

늘 안내하고 꾸준히 학습하기 위하여

조합원들이 읽을 수 있는 책을 쓰자고 마음먹고 2년간 준비해서 2017년 초에 낸 책이 《깊은 협동을 위한 작은 안내서》(이하 《깊은 협동》)이다. 일종의 협동조합 입문서인 그 책으로 조합원들과 장시간 학습을 하면서 정말 협동조합은 무엇인지 관점부터 세워야 한다는 생각이 들었다. 그러려면 협동조합은 누가 어떤 생각으로 시작해서 어떻게 발전되어 왔는지 뿌리와 역사를 알아야 했다. 2021년 말에 발간된 《처음 만나는 협동조합의 역사》가 그 긴 여정 끝에 오른 봉우리다.

봉우리에 올라가서 보니 보이지 않던 풍경이 보였다. 협동조합기본법(이하 기본법) 제정 이후 대한민국의 방방곡곡에서 많은 협동조합이 설립되어 양적인 성장을 이루었다. 하지만 내게는 협동조합의 대표나 임원과 같이 운영을 책임지는 이들이 어찌할 바를 몰라서 도움을 요청하는 일이 왕왕 있었다. 얘기를 들어보면 대부분 '조합원들이 참여하지 않아서 힘들다'는 것이었다. 이런저런 경로를 통해 들은 협동조합들의 상황은 심각했다. 그래서 계획하고 있던 책을 잠시 미루고 팸플릿 형식으로 2024년 초에 《협동조합의 돈과 민주주의》를 냈다. 각자 자기 조직이 처한 문제를 직면하고 어떤 관점에서 문제를 해결해야 할지 방향을 세우도록 긴급 처방전이라도 내야겠다는 의도에서였다.

이 정도면 협동조합에 대해 학습할 수 있는 기본은 갖추어졌다고 생각했다. 그래서 지금 여기의 문제를 다루는 데 그치지 않고 미래를 위한 협동조합의 길을 내기 위한 계획을 착수하기로 했다. 고장 난 경제, 위협받는 안보와 평화, 사회 붕괴를 알리는 기후위기 등 어느 모로 보나 불안한 조건 속에서, 우리는 무얼 하며 먹고살면 좋을지 안내하며 청년과 미래 세대와 손을 잡고 싶었다.

그런데 지금 건강한 협동조합 생태계를 만들어두지 않으면 청년과 미래 세대는 어디에서 무엇을 보고 배울 것인가? 폐허가 된 협동조합운동의 장에서 어떻게 싹을 틔우고 꽃을 피우고 열매를 맺게 할 수 있을까? 그러니 전부는 아니더라도 협동조합을 협동조합답게 운영하고자 하는 사람들이 버틸 수 있도록, 지속가능할 수 있도록, 제대로 기초를 다져야겠다고 마음을 고쳐먹었다.

협동조합의 역사는 300년이 넘는다. 그러나 그것이 우리 사회의 경험은 아니다. 우리나라에서 민간의 자율적인 협동조합 운동은 3·1운동 이후 일어났고, 그 뒤로 너무나 오랫동안 단절과 왜곡의 역사를 겪었다. 기본법이 제정된 지 불과 12년밖에 되지 않았다. 그 법은 온전하게 협동조합의 전통에 따라 만들어지지 않았기에 고치고 다듬어야 할 데가 곳곳에서 보인다. 그러니 법과 제도에만 의지하지 않고 긴 세월 동안 협동조합의 선구자들이 만든 원칙에 따라 협동조합을 만들고 운영해야겠다는 관점을 가져야 할 것이다. 다시 시작하는 마음으로!

다시 쓸 결심

"그 책 좀 다시 내주세요."

지난 8월 초, 폭염이 계속되는 여름날 아침에 노원구 중계동에 있는 '어르신휴센터'를 방문했다. 프랑스 르망대학의 사회연대경제학과 교수인 에릭이 한국의 의료복지사회적협동조합을 조사하기 위하여 내게 도움을 청했기 때문이다. 나의 오랜 친구 에릭의 부탁을 핑계로 나는 예전부터 관심갖고 엽

탐하고 있던 '어르신휴센터'에 갈 기회를 잡았다. 센터 단장인 강○○ 선생님은 단박에 '좋아요'를 날렸고, 약속 시간 9시 30분이 되기 전에 도착했더니 여러 사람이 환영 장식을 다느라 분주했다.

노원구 '함께걸음 의료사협'의 사업으로 시작된 '어르신휴센터'는 협동조합이 마을로 들어가서 주민들을 위하여, 주민들과 함께 서로 돌보는 관계를 만드는 활동을 한다. 그 주민들이란 대부분 7~80대의 독거노인들이고, 찢어지게 가난하지는 않지만, 가족이나 제도의 돌봄을 받지 못하는 외롭고 아픈 어르신들이다.

'어르신휴센터'는 함께걸음 의료사협에서 건강리더로 성장한 조합원들과 함께 주공아파트 일대를 샅샅이 훑으며 운영 기반을 만들었다. 그 결과 지금은 노인일자리지원사업 등으로 건강리더들이 60명 이상으로 늘어났다. 이런 외형적인 성과보다 더 중요한 것은 센터에서 일하는 사람들이 너무 행복해한다는 사실이다. "매일 매일 '안녕~' 하고 인사하고 헤어질 때, 그 감동을 어떻게 표현해야 할지 모르겠어요.", "우리만 이렇게 행복해도 되나 싶어요."

참 좋은 활동이 될 것이라고 초기부터 예상했고, 잘 되어가는 소식에 기대도 했지만, 그 정도일 줄은 몰랐다. 활동이란 그런 것이다. 사업이 아니라 사람을 조직해야 하고, 조직한다는 것은 사람의 관계를 바꾸는 일이다. 사는 곳에서, 부담 없이 편하고 자연스럽게, 하지만 꾸준히.

그날 만남의 끝에서 강○○ 단장이 내게 조용히 말했다.

"《깊은 협동》 책 구하기가 너무 힘들어요. 그 책이 제일 좋은데, 모심과살림연구소에 문의해도 늘 있는 게 아니더라고요. 어떻게 안 될까요?"

그때 나는 결심했다. 오래전부터 다시 내야겠다고 생각하고 있었고, 출판사에서도 권유했지만 쓰고 있는 책들이 많아서 늘 순위에서 밀렸었다. 하지만 '무엇을 협동할 것인가, 어떻게 협동할 것인가'라는 문구를 마을의원 벽에 떡하니 써 붙여놓고 매일 새로운 역사를 쓰고 있는 함께걸음 의료사협에게 필요하다면, 게다가 아무것도 없는 사람들이 서로 도울 수 있는 관계를 만들며 행복해하는 '어르신휴센터'의 일꾼이 원한다면, 이것은 협동조합 덕후인 나로서는 도저히 거부할 수 없는 제안이었다. 그래서 덥석 물었다. 더 이상 재고 말고 할 것 없이, 내가 해야 하는 나의 일이 되었다.

'깊은 협동'에 이르기까지

'전지적 조합원 시점'의 협동조합

이렇게 된 건 내가 팔랑귀이기 때문이 아니다. 오히려 나는 그 누구보다도 내면의 소리에 귀 기울이고 나의 계획에 따라 글을 쓰고 책을 내는 편이다. 그런 내가 가진 원칙이 하나 있다. 협동조합은 대중운동이고, 그렇기 때문에 나는 '조합원이 읽을 수 있는 협동조합 책을 써야 한다'는 원칙을 세웠다.

《깊은 협동》은 소수의 임원이나 열성적인 활동가들만이 아니라 협동조합이 뭔지 잘 모르는 이들도 읽을 수 있는 책, 그들이 읽고 협동해야겠다고 마음을 내도록 안내하는 책, 협동을 중심으로 협동조합을 사고하고 운영해야겠다는 관점을 잡아주는 책, 우리는 협동을 잘 못하지만 '협동하기 위해 협동조합을 만들었다'는 그 단순한 진실을 꼭 붙들고 협동조합을 만들고 운영하자는 공통의 약속을 만드는 책이다. 그래야 잘 안 될 때도 남 탓하지 않고 '어떻게 더 협동할 수 있을까' 탐구하며 방법을 찾을 것이기 때문이다.

굳이 '깊은 협동'이라고 강조한 까닭이 있다. 많은 협동조합이 겪는 갈등의 상황을 보며 크게 깨달은 경험에서 비롯되었다.

좋은 것들도 서로 다툴 수 있다

《깊은 협동》을 쓰게 된 계기는 2015년으로 거슬러 올라간다. 당시 모심과살림연구소로부터 한살림 30주년을 준비하며 한살림다운 협동조합운동론을 써 달라는 요청을 받았다. 왜 '한살림 사람'도 아닌 내게 요청을 하시느냐고 물었더니 사회적경제의 관점으로 써주기를 바라기 때문이라고 했다. 제안을 받아들이고 나서부터는 밑바닥부터 훑기 시작했다. 이런저런 계기로 한살림의 여러 모임이나 행사에 참여하여 발표나 토론을 한 인연은 있었지만 조합원이 아니었기에 속속들이 알 수 없었기 때문이다.

우선 조합원 가입부터 하고, 주 2회 연구소에서 상근하며 분위기를 파악하기 시작했다. 생활재 공급 담당자와 함께 이른 아침부터 물류창고에서 준비하여 서울 용산구 이촌동 구역의 조합원 가구에 공급하며 많은 이야기를 나누었다. 가을걷이 때는 생산자들과 어울려 피꼬막에 말벌주를 마시며 떠들썩하게 놀고 취하기도 했다. 김장철에는 사당역 쪽에서 김장 공급 자원봉사를 했다. 내 적성에 딱 맞는 일이었다. 3박 4일 일정으로 한살림연수원이 진행하는 《한살림선언》 읽기 모임에 참여했고, 새해에는 5박 6일로 '정화와 축복'이라는 몸살림과 마음살림 프로그램에 참여하여 한살림 사람들의 정서와 문화를 파악할 수 있었다.

특히 모심과살림연구소의 아카이브를 뒤져서 초기 한살림 운동을 일군 선구자들의 발자취를 추적하기도 했다. 하승우 선생님이 꼼꼼하게 아카이빙 해두신 덕분에 어렵지 않게 찾을 수 있었다. 또한 나와 찐하게 학습하며 친해진 지역 한살림 활동가들과도 많은 얘기를 나누며 그들의 필요와 열망을 확인할 수 있었다. 그렇게 생산자, 소비자, 실무자, 활동가 등 여러 세대에 걸친 다양한 이해당사자들과의 만남으로 한살림이라는 곳의 과거부터 현재까지의 역사를 파악하며 집필을 이어갔다.

그런데 말입니다. 예상치 못한 곳에서 집필의 복병을 발견하고야 말았다. 단행본으로 발간할 협동조합운동론에 대한 자문회의에서 그 운동론의 핵심과 명칭에 대한 이견이 너무나도 분분하여 어떤 것도 결정할 수 없었다. 여러 차례에 걸쳐 다양한 자리에서 논의가 이루어졌지만 매번 똑같은 장면이 연출되었다.

"한살림이라는 이름이 이미 있는데 왜 또 새로운 이름을 붙여야 하나?" "아니다. 한살림은 이미 브랜드화되었기 때문에 그 정신을 담은 생명협동운동이 낫다." "그건 너무 추상적이라서 이해하기 어렵다. 밥상살림·농업살림·생명살림이 훨씬 구체적으로 다가온다." 등.

좋은 것과 나쁜 것, 옳은 것과 그른 것 사이에서만 갈등이 일어나지 않는다. 좋은 것끼리도 다툼이 생길 수 있다. 뭐가 더 좋은지, 뭐가 더 중요한지 가치 판단이 다르기 때문이다. 문제는 내가 가치 판단의 기준을 제시할 주제가 못 되고, 그것이 좋은 방법도 아니라는 것이었다. 다 현실적인 판단이 들어가 있고 다 맞는 말이다. 그중 무엇이 가장 좋은지 묻는 것은 "엄마가 좋아, 아빠가 좋아?"라는 질문만큼이나 어리석고 의미 없다. 왜 좋음을 비교하고 경쟁시켜야 하나.

가장 중요한 것은 '생각의 협동'

이런 답답한 상황이 지루하게 반복되는 것을 보면서 쌈박하게 정리하지 못하는 나를 원망하기도 했다. 이때 번뜩! 하고 떠오른 것이 있었다. '아~ 생각도 협동이 필요하구나!' 생각이라는 것은 네가 옳네, 내가 옳네 하고 다투어서는 절대로 해결되지 않는다. 왜냐하면 그것은 믿음과 가치의 영역이기에 비교해서 우위를 따질 수 없기 때문이다. 그것은 그것대로 존중되어야 한다. 그러면 우리는 어떻게 생각의 협동을 이룰 수 있을까?

유레카!

협동조합에서 사람들이 가장 어려워하는 것이 사람들 간의 갈등이라면, '어떻게 하면 서로 다른 사람들이 협동할 수 있을까'라는 질문이 가장 중요하지 않을까? 그렇다면 생각의 협동이 협동조합에서 가장 중요하겠다는 사실을 발견했다. 생각의 협동이 되어야 사업이 진척되고 앞으로 나아갈 수 있다. 협동조합이 사람들의 결사체이니 어쩌면 당연한 사실이었음에도 인지하지 못하고 있었을 뿐이다. 아니, 문제가 있다는 건 알았어도 그 문제의 정체가 무엇인지, 그 문제를 어떻게 다루어야 하는지 몰랐을 것이다.

이것은 우리 몸에서 어떤 증상이나 징후가 발견될 때 취하는 해결의 과정에 비유할 수 있다. 어딘가 아플 때 아프다고 말한다고 해서 문제가 해결되지 않는다. 병원에 가서 어디가 어떻게 아픈지 소상히 얘기해야 한다. 그러면 의사는 진찰하고 때로는 검사도 해서 내가 겪는 고통이 무엇인지 알려준다. 그것이 병명이다. 내 고통의 이름을 알려주는 것이 진단이다. 일단 진단이 되어야 치유가 시작된다. 진단은 치료의 시작이고 전제이다.

그런 것처럼 나는 협동조합에서 겪는 갈등과 어려움을 진단하고 해결해 나가는 그 프로세스에 이름을 붙여준 것이다. "아프니까 힘들어요."로 끝나지 않고 아픔을 말하게 해야 하고, 그 아픔의 증상들이 어떻게 드러나는지 관찰해야 한다. 그것이 어디서 연유하는지 조사해서 고통의 이름을 찾아내야 한다. 치유 방법에는 어떤 것들이 있는지 처방을 알아봐야 하고, 이 방법을 시도했는데 안 되면 다른 방법을 시도해야 한다. 내 한 몸의 고통에 대처하는 방법과 여러 사람 간의 갈등이나 어려움에 대처하는 원리는 다르지 않다. 밟아야 할 과정을 밟아 치유해 가는 것을 '생각의 협동'이라 부르기로 했다.

'협동의 그릇'이 되고 있지 못한 협동조합

생각의 협동 관점에서 보니 문제가 무엇인지 명확히 드러났다. 한창 원고를 쓸 무렵인 2016년 당시는 대한민국이 바야흐로 저성장 시대에 들어섰다는 위기감이 감돌았다. 조합원 수는 꾸준히 늘었지만 매출은 감소했고, 적자를 보는 매장도 생기기 시작했다. 조합원들의 발길이 뜸해진 매장의 활동가들은 속이 타서 뛰쳐나가고 싶다고 했다. 지역이나 연합회 차원에서, 이사회를 비롯하여 각 단위의 실무자들 모임에서는 저성장 시대가 화두가 되었고, 어떻게 대처해나갈지 묘안을 짜느라 여념이 없었다.

그런데 일반 소비자 조합원들은 실무자들이나 임원들만큼 걱정하고 있을까? 그 많은 조합원 중 자기가 소속된 협동조합이 적자인지 아닌지 알고 있는 조합원들은 얼마나 될까? 조합원들과 상황을 공유하고 대책을 마련하며 어려움을 타개해 나가는 곳이 있을까?

이런 나의 질문에 실무자, 활동가, 이사들은 다 고개를 저으며 한숨을 쉬었다. 근본적인 대책을 마련하기는커녕 살림이 어려워진 조합원들이 출자금을 빼가기 위해 탈퇴하지나 않을지 조마조마해하며 내게 조합원들을 독려할 수 있는 글을 써달라고 요청하기도 했다.

이렇게 구구절절 과거를 회상하는 까닭은, 일련의 사건들을 통해 '우리는 도대체 왜 협동조합이라는 것을 만들었는가?' 하는 근본적인 질문을 하게 되었기 때문이다. 협동하기 위해 협동조합을 만들었을 텐데 그 안에는 큰 간극이 있었다. 누구는 걱정하고 불안해하는데 누구는 뭐가 어찌 돌아가는지 관심도 없고 나 몰라라 하고 있었다. 이것을 단순히 무관심한 조합원, 자기만 생각하는 조합원의 문제라고만 할 수 없을 것이다.

잘 들여다보니 커다란 간극이라기 보다는 여러 방향의 균열이 있음을 알 수 있었다. 그 균열은 크게 세 방향으로 생겼고, 그 결과 사람들은 세 집단으로 나누어진다. 그것을 약간 단순화하면 이렇게 설명할 수 있을 것이다.

한살림의 정식 명칭은 '한살림소비자생활협동조합'이다. 첫 번째 집단은 '한살림'을 강조하는 사람들이다. '한살림선언'에서 비롯된 한살림 정신과 철학을 중시하며, 그 가치를 유지하고 알리는 데 집중한다. 이들은 이른바 1세대라고 불리는, 한살림 초기부터 활동해온 열성 조합원들이나 임원, 오래된 실무책임자들이다.

두 번째는 '소비자'를 강조하는 사람들이다. 즉 안전하고 좋은 물건을 편하게 쇼핑할 수 있는 소비자의 권리를 중시하는 대부분의 조합원이다. 세 번째는 무엇을 어떻게 소비해야 하는지, 조합원들은 어떤 관계를 맺으며 협동조합에 참여해야 하는지 등 조합원들의 '생활문화 양식'을 고민하는 활동가들이다.

전체 조합원 가운데 이 세 집단의 구성 비율을 보면 첫 번째는 극소수이고, 두 번째는 대다수이며, 세 번째는 소수이다. 그 비율은 아마 1:95:4 정도가 될 것이다. 그러는 와중에 '협동조합'의 실제 사업과 운영은 협동조합의 주인이 아닌 다수의 실무자, 즉 임금노동자들에 의해 이루어지고 있었다.

한살림협동조합론을 써야 하는 나로서는 이런 질문을 하지 않을 수 없었다. 협동조합의 주인은 누구이고, 그들은 무엇을 어떻게 협동하고 있는 것일까?《한살림선언》에 담긴 한살림의 탄생 철학은 너무나 훌륭하다. 무위당 장일순 선생의 말씀은 내게 항상 길잡이가 된다. 그리고 조합원들에게 서비스를 제공해야 하는 협동조합으로서 소비자들이 누려야 하는 권리 또한 아주 중요하다. 그래야 계속 이용을 할 것이고, 그것이 협동조합의 지속가능성을 보장하기 때문이다. 이에 못지않게 무엇을 어떻게 소비해야 하는지, 무엇을 생산하고 무엇을 팔지 않아야 하는지, 소비자는 생산자와 어떤 관계를 가져야 하는지 등 생활문화 양식 또한 중요하다. 그러니까 한살림소비자생활협동조합이라는 이름에는 그 협동조합의 핵심적인 요소가 다 들어 있다.

그렇다면 그 핵심적인 요소는 어디에 담아야 할까? 그 그릇이 협동조합이다. 그러한 까닭에 한살림의 선구자들은 협동조합을 만들었을 것이다. 한살림소비자생활협동조합을 풀이하면 주체인 '소비자'들이, 너와 나는 '한살림'이라는 정신에 기초하여 공통의 정체성을 가지고, 소비주의와는 다른 '생활' 문화 양식을 만들 목적으로 결속한 '협동조합'이라 할 수 있다. 이 세 요소는 다 더없이 중요하지만 서로 떨어져서는 힘을 발휘할 수 없기에 서로 결합할 그릇이 필요했고, 그것이 협동조합이다.

생각해보자. 소비자만으로 무얼 할 수 있는가? 정신은 누구에 의해 구현되는가? 생활은 무엇에 의해 지탱되는가? 그렇다면 협동조합은 단순히 장사해서 돈 버는 기업이 아니라 세 요소가 결합되어 그 정신을 살릴 수 있는 상품과 서비스를 생산하고 이용하여 생활을 지탱하게 해주는 시스템이 되어야 한다. 이런 까닭에 《서기 2000년의 협동조합》을 쓴 레이들로 박사는 책 서문에서 협동조합은 협동조합 운동(movement)과 협동조합 부문(sector)에 더하여 조직으로서 협동조합은 협동조합 시스템(system)이라는 표현을 썼다*.

같은 곳을 바라보기 위한 질문

"머리 좋은 것이 마음 좋은 것만 못하고, 마음 좋은 것이 손 좋은 것만 못하고, 손 좋은 것이 발 좋은 것만 못한 법입니다. 관찰보다는 애정이, 애정보다는 실천적 연대가, 실천적 연대

---

* A. F. 레이들로, 김동희 역, 《서기 2000년의 협동조합》, (사)한국협동조합연구소 출판부, 2000.

보다는 입장의 동일함이 더욱 중요합니다. 입장의 동일함, 그것은 관계의 최고 형태입니다."

신영복 선생은 "관계의 최고 형태는 입장의 동일함"이라고 하셨다. 입장의 동일함이란 서로 마주 보는 것이 아니라 서로 같은 곳을 바라보는 관계이다. 너와 나는 각자 자유로운 사람으로 자기 인생을 살아가지만, 같은 방향으로 걸어갈 수 있다. 너와 내가 같아지는 것이 아니라 같은 입장을 가지는 것, 즉 다르지만 협동하자는 입장을 가진다면 최고의 관계가 될 수 있다. '저 사람은 왜 저럴까?' 하며 답답해하기보다는 '저런 사람과는 어떻게 협동할까?'라는 쪽으로 마음을 고쳐먹는다면 있는 그대로를 인정하며 같이 할 수 있는 길을 찾을 수 있을 것이다.

그렇다면 어떻게 동일한 입장을 가질 수 있을까? 그 물길을 내기 위해 화두를 던지기로 했다. 협동에 대해 같은 질문을 던진다면 우리 각자의 답은 다를지 몰라도 같은 고민을 하는 사람이 될 수 있다. 그래서 협동을 중심에 두고 협동조합을 하기 위해 세 가지 화두를 던졌다. 무엇을 협동할 것인가? 어떻게 협동할 것인가? 어떻게 조합원이 주인노릇을 하게 할 것인가?

나는 여기서부터 출발해야 한다고 생각한다. 협동조합을 시작할 때부터 운영하는 내내 스스로 던져야 할 질문이다. 물건을 만들고 팔면서, 동료와 일하면서, 조합원들과 만나면서, 서비스를 이용하면서, 그 모든 순간 그 모든 공간에서 이 질문을 품고 만난다면 우리는 서로 다름을 두려워하지 않고, 차이를 걱정하지 않고 만날 수 있을 것이다. 조합원 스스로 이런 질문을 던지는 것에서 이미 주인노릇을 시작하게 된다. 그러니 여기서부터, 같은 질문에서 협동이 시작되고 협동하는 사람들의 협동조합이 된다.

늘 안내하고 꾸준히 학습하기 위하여

이런 사연을 거치며 나의 책 제목은 '깊은 협동'이 되었다. 협동조합이 잘 안 되는 이유는 수만 가지 들 수 있지만 그 뿌리는 같다. 협동이 잘 안되기 때문이다. 그리고 협동이 잘 안되는 이유는 협동에 대한 고정관념, 선입견, 편견 때문이다. '조합원들은 참여하기 싫어한다, 협동을 부담스러워하거나 불편하게 여긴다, 교육을 지겨워한다…' 실제 그럴 수 있다. 그런 사람도 있고 그렇지 않은 사람도 있다. 그런데 변하지 않는 하나의 진실은 협동을 하지 않으면 협동조합은 망한다는 사실이다. 그렇다면 이제 과거의 방식을 답습해서는 안 될 것이다. 협동에 대한 편견과 고정관념에서 벗어나야 한다. 그러려면 협동에 대해 깊이 생각해야 한다. 무엇을 협동할 것인지, 어떻게 협동할 것인지. 이렇듯 협동에 대한 새로운 관점으로 조합원 한 사람 한 사람을 만나고 새로운 관계를 만들어야 한다.

"사람이 온다는 건

실은 어마어마한 일이다.

그는 그의 과거와 현재와 그의 미래와 함께 오기 때문이다.

한 사람의 일생이 오기 때문이다."

- 정현종 시인의 '방문객' 중

협동조합은 이 어마어마한 일을 겪으며 사는 조직이다. 1원칙이 '자발적이고 개방적인 조합원 제도'이기 때문에 그 사람이 어디서 무엇을 하는 사람이건, 어떤 믿음과 신념으로 살아왔던 사람이건, 그가 우리 협동조합의 서비스를 필요로 하고 조합원으로서 책임과 의무를 한다는 데 동의한다면 그는 조합원으로 가입할 수 있다. 비단 조합원뿐 아니다. 협동조합도 임금을 주고 사람을 고용할 수 있다. 실무자라고 불리든 팀장이나 사무국장으로 불리든 그는 조합원보다 더 많은 시간을 협동조합에서 보내며 협동조합을 위해 일한다.

그런데 조합원이든 실무노동자든 그는 그의 과거와 현재와 함께 오기 때문에 그가 가진 생각과 습관도 함께 온다. 협동보다는 경쟁에 익숙해진 습관, 시키는 일만 하거나 남에게 시키기만 하던 습관, 갑질하던 습관, 무조건 싼 게 좋다고 생각하던 습관, 사람보다는 돈이 더 중요하다고 생각하던 습관 등 무수히 많은 과거와 현재의 습관을 통째로 가지고 그가 온다는 생각을 해야 한다. 그런 이들이 조합원으로 가입한다는데 어떻게 출자금 내고 가입서만 작성하면 다 되었다고 할 수 있을까? 그런 이들이 우리 협동조합의 일을 하며 조합원들을 만나야 하는데 어떻게 처음부터 제대로 할 수 있을까?

그러니 늘 안내해야 한다. 협동조합은 어떤 조직이고 우리는 무엇을 어떻게 협동하는지, 조합원은 누구이고 어떻게 주인노릇을 해야 하는지. 또 실무자와 임원은 제대로 하기 위해 꾸준히 배우고 익혀야 한다. 알았다고 바로 되지 않기 때문이다.

배우고 익혀서 안내하고자 하는 사람을 생각하며 이 책을 썼다. 애초에 개정판을 내려고 했다가 욕심을 내서 개정증보판이 되었다. 《깊은 협동》의 골자와 또 봐도 질리지 않을 일부 이야기만 남기고 대대적으로 리모델링한 셈이다. 낡은 집이 새단장했다.

머리에서 가슴까지가 가장 먼 여행이라고 했던가? 꾸준히 배우고 익히려면 돈과 시간이 든다. 하지만 그 돈과 시간을 들여야 협동하는 조합원과 실무자가 되고, 협동조합다운 협동조합이 되고, 적자 나지 않는 지속가능한 협동조합을 만들 수 있다. 거기에 더해 참으로 어마어마한 한 사람의 미래가 오는 것도 볼 수 있을 것이다.

"조합이 민주시민으로 키워줄 수 있는 공간이 되었으면 좋겠습니다. 지금보다는 좀 더 편하고 안정적으로 진료받고, 지역 주민들이나 조합원들이 활동할 수 있는 공간도 넓게 있고, 그 안에서 성장할 수 있는 사람이 많았으면 좋겠습니다. 민주시민으로 훈련받고, '주변을 살피면서 살아도 괜찮겠구나.' 하는 생각이 들고, 노후가 걱정되지 않고, 돈이 좀 없어도 십시일반으로 뭔가 가능하게 하는, 믿을 수 있는 조합, 이런 조합이 되었으면 좋겠습니다."*

조합원으로서 19년을 돌아보며 때로는 눈물 글썽이다가, 마지막에는 환히 웃으며 또박또박 자신의 소망을 말하던 한 사람의 모습이 떠오른다. 그 긴 세월을 협동하며 주인노릇한 그녀가 우리가 협동조합을 통해 만날 수 있는 미래일 것이다.

---

* [의료사협 30주년 기념행사 및 심포지엄] 주민과 함께한 의료사협 30년 - 지역기반 건강돌봄 30년 역사와 지속가능미래,
https://www.youtube.com/watch?v=gup6g9QpLoU&t=9610s (2024년 9월 26일 인출).

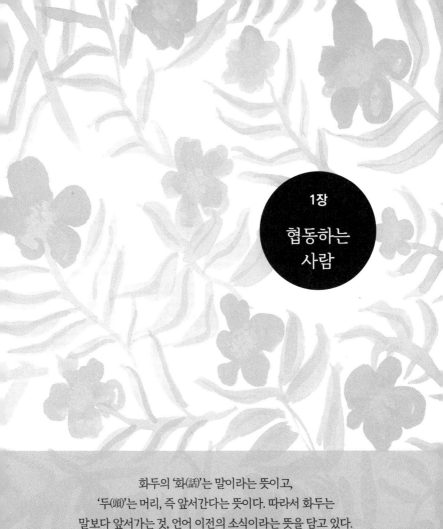

1장

협동하는 사람

화두의 '화(話)'는 말이라는 뜻이고,
'두(頭)'는 머리, 즉 앞서간다는 뜻이다. 따라서 화두는
말보다 앞서가는 것, 언어 이전의 소식이라는 뜻을 담고 있다.
협동조합을 잘 운영하기 위하여
조직을 잘 아는 것도 중요하지만
우선 협동에 대한 생각을 깊이 해보자.
조직 이전에 내 마음을 스스로 잡는 것이 중요하니까.

* * *

　협동조합에 있으면서 우리는 협동하고 있을까? 교육이나 강의를 할 때마다 "당신은 무엇을 협동하고 있어요?"라고 물으면 금방 대답하는 사람이 거의 없었다. 정답이 있는 질문이 아니라 자기가 무엇을 하고 있는지 물은 것인데도 말이다. 금방 떠오르지 않는다는 것은 평소 그 생각을 별로 하고 있지 않았다는 뜻이다. 지금 만나는 친구의 이름은 금방 떠오르지만, 옛날에 같은 반이었던 친구의 이름은 가물가물한 것처럼. 지금, 여기에서 나와 상관있는 것이 아니라면 금방 떠오르지 않는 법이다.

　금방 대답을 못 하고 당황해하던 모습이 나라면 부끄러워하지 말고 지금부터 생각해보자. 나는 협동조합에서 협동하고 있는지, 있다면 무엇을 협동하고 있는지. 왜냐하면 협동조합이 협동하게 만드는 것이 아니라 협동하는 사람이 협동하는 조직을 만들기 때문이다. 나로부터 협동이 시작되고, 그런 '나들'이 모여 협동조합이 된다.

1

우리는 협동하기 위해
협동조합을 만들었다

협동조합 교육이나 상담을 할 때 사람들이 자주 물어오는 질문이나 의견이 있다. "사람들 생각이 다 다른데 협동이 잘 될까요?" 또는 "협동하려면 자기 생각을 양보해야 하는데, 이렇게 이기적인 사회에 살면서 그런 사람이 많이 있을까요?" 등.

왜 이런 질문과 불만, 하소연 등이 계속 나오게 되는 것일까? 사람들은 정말 이기적이기만 하고 협동은 불편한 것일까? 그러면 왜 사람들은 아주 오래전부터 협동조합을 만들어왔고, 그것이 일반기업보다 더 좋은 가치를 가지는 기업이라고 소개하는 것일까? 도리어 이런 질문을 하면 자신 있게 바로 대답하는 사람이 별로 없다.

어쩌면 우리가 협동과 협동조합에 대해 남들이 하는 말을 별 생각 없이 그대로 받아들이고 있기 때문은 아닌지, 혹은 협동조합에 대하여 스스로 너무 이상적인 상(像)을 가지고 현실을 판단하는 것은 아닌지 생각해 볼 필요가 있다. 왜냐하면 우리는 협동을 잘하기 때문에 협동조합을 만든 것이 아니라 협동을 잘 못하지만 '협동하기 위해서' 협동조합을 만들었기 때문이다. 그러니 미숙하고 못난 모습이 보이는 건 어쩌면 당연한 건지도 모른다.

이런 까닭에 협동조합의 원칙에 '교육, 훈련, 정보제공'이 있다. 협동조합에 익숙하지 않기에 교육이 필요하고, 협동에 미숙하기 때문에 훈련이 필요하고, 더 많은 사람과 협동하기 위하여 협동조합에 대한 정보를 제공해야 한다. 그렇게 우리는 점점 협동하는 사람이 되어간다.

사람은 누구나 생각할 능력이 있지만 어리석은 생각을 할 때도 있고, 못된 생각을 품기도 한다. 그래서 다석(多夕) 유영모 선생은 '생각을 깊이 파야' 한다고 했다. 마찬가지로 협동을 잘하려면 내가 양보하고 희생하거나 이타적인 사람이 되면 된다고 단순히 생각할 일이 아니다. 협동에 대한 생각을 깊이 해야 한다. 협동에 대한 깊은 이해가 좋은 협동을 만들어내고, 협동조합에 대해 잘 알아야 좋은 협동조합을 할 수 있다.

어떻게 하면 협동에 대해 깊이 생각할 수 있을까? 예로부터 무언가를 깊이 생각하려면 '화두(話頭)'를 가져야 한다고 했다. 화두의 '화(話)'는 말이라는 뜻이고, '두(頭)'는 머리, 즉 앞서간다는 뜻이다. 그러니까 화두는 앞서가는 말, 나의 생각을 끌고 갈 수 있는 질문이다. 화두가 없으면 생각이란 것이 꼬리에 꼬리를 물고 이어져 상념이나 잡념이 될 뿐이다. 그러니까 화두는 방향을 잃지 않고 생각을 이어가기에 좋은 방법이다.

그러면 협동조합에서 조합원이 협동하는 사람이 되기 위해 공통으로 가져야 할 화두가 뭘까? 첫째는 '무엇을 협동할 것인가?', 둘째는 '어떻게 협동할 것인가?', 셋째는 '어떻게 조합원이 주인노릇을 하게 할 것인가?'이다. 협동의 기본은 같은 답을 내는 것이 아니라 같은 질문을 가지는 것에서 시작한다. 그 첫째 질문부터 생각을 파보자.

1) 무엇을 협동할 것인가?

보통 협동조합을 설립해 운영하고자 할 때 '자본의 협동'을 우선 생각한다. 조합원들이 출자해서 공동으로 소유한 사업체를 운영한다는 것이 기본적인 상이다. 하지만 협동조합의 협동은 자본에 한정되지 않는다. 협동조합은 사람들의 결사체이기 때문에 자본의 협동 또한 사람들의 결사에 기반할 수밖에 없고, 그 결사는 '생각의 협동'을 통해 이루어진다.

그런데 생각의 협동을 통해 자본을 조달할지라도 한계가 있을 수밖에 없으며, 자본력으로 승부하는 대기업과의 경쟁시장에서 우위를 점하기 어려울 것이다. 그러니 협동조합은 자본력만이 아니라 다른 방안도 생각해야 한다. 그것은 다름 아닌 화폐의존성을 줄이는 방안, 그래서 '다른 경쟁력'을 가지는 방안, 바로 사람 자체의 협동, 즉 '노동의 협동'이다. 협동조합은 이렇게 자본·노동·생각 세 가지 협동을 통해 진정한 협동의 결사체로 운영됨으로써 일반기업과 다른 조직으로 지속가능할 수 있다.

하지만 말이 쉽지 이 세 가지 협동은 현실에서는 많은 난관에 부딪힌다. 그중 가장 큰 어려움을 보통 자본조달이라고 생각하는 경향이 있다. 협동조합은 이윤을 추구하지 않는 조직이므로 돈이 많은 사람이 투자하지 않기 때문이라고들 한다. 하지만 실제 많은 협동조합의 운영을 살펴보면 부자라고 해서 출자를 더 많이 하지 않고, 가난하지만 증자에 적극적으로 참여하는 경우가 종종 있다. "개미떼가 용을 잡는다"라는 말이 있듯, 협동조합의 운영은 이 개미떼 같은 조합원들의 소액이 모여 자본을 구성하는 것이기에 큰 자본을 가진 부자가 참여하지 않는다고 사업이 어려운 것은 아니다.

사실 더 중요한 것은 그 조합원들이 가진 돈이 있을 때 내어놓고자 하는 마음, 돈이 없으면 몸으로라도 때워야 하지 않을까 생각하는 마음, 그 마음을 모으는 것이 더 중요하다. 그래서 믿음과 사랑과 소망 중에 사랑이 제일이라 하듯, 자본과 노

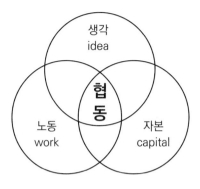

동과 생각의 협동 중에 생각의 협동이 가장 기본이자 중심이라 할 수 있다.

2) 어떻게 협동할 것인가?

황태덕장의 주인이 자신은 '하늘과 동업한다'고 말한 걸 들은 적이 있다. 황태를 말리려면 바닷가의 짭짤한 바람과 강렬한 햇볕이 있어야 하기 때문이다. 이렇게 무슨 일을 하든 우리는 혼자만의 힘으로 할 수 없다. 옆에 있는 사람과, 때로는 보이지 않는 자연과도 협동할 때 일이 되고 무언가를 생산할 수 있다. 그러하기에 협동조합에서 두 번째 화두이자 늘 생각해야 할 질문은 '어떻게 협동할 것인가'이다.

꽤 오래 전의 일이다. 전국 각지에서 모인 사람들과 강원도

원주에서 모임을 한 적이 있다. 초가을, 분위기 좋은 막국수집에서 콩국수를 시켰는데 놀랍게도 여수에서 온 분이 설탕을 넣어 먹는 것이었다! 우린 모두 경악하며 콩국수를 먹을 줄 모른다는 둥, 전라도가 음식으로 유명하다지만 너무 달게 먹는다는 둥 한바탕 놀려댔다.

그 후 나는 현장 교육이 있을 때 민주적인 의사결정 과정에 대한 부분에서 이런 질문을 하곤 했다.

"여기 10명이 있는데 전라도 출신 1명과 경상도와 충청도와 강원도 등 다른 지방 출신이 9명 있다고 칩시다. 우리가 콩국을 먹는데 설탕과 소금 중 하나만 선택해야 한다면 어떻게 결정하는 게 좋을까요?"

잠시 침묵. 그러다 이곳저곳에서 답이 튀어나온다.

"나는 서울 출신이지만 설탕을 쳐서 먹어보고 싶어요.", "난 아무렇게나 결정해도 상관없어요.",

그러다 누군가 "난 아무것도 안 넣고 그냥 먹는 게 좋은데요."라고 해서 순간 하하하 웃음이 터지기도 했다.

그렇다. 우리는 생긴 것도 입맛도 생각도 다 다른 사람들이다. 하지만 함께 무언가를 할 때 내가 원하는 것만, 내게 맞는 것만 선택할 수는 없는 상황과 조건에 처하기 때문에 협동이 어려울 것이라 말하곤 한다. 설탕과 소금 사이에서 갈등하는 것도 비슷한 경우다. 그런데 이 질문을 받고 나온 답은 지역마다, 모임마다 달랐다. 어떤 곳에서는 전라도 출신이 먼저 나서서 "다수가 소금을 원하니 나도 따르겠다."고 했고, "늘 소금만 쳐서 먹어봤으니 전라도식으로 한번 먹어보자."고 결정한 곳도 있다. 어디 이런 방법뿐이랴. '한 번은 설탕, 한 번은 소금, 그렇게 먹어봐도 되지 않겠어요?'라며 제3의 안을 낸 곳도 있다.

이렇게 협동의 방식은 다양한데, 중요한 것은 한 사람이라도 나와 다른 곁의 누군가를 생각하는 마음이다. 그것은 희생이 아니라 배려일 수도 있고 양보일 수도 있다.

어떻게 협동할 것인가 하는 문제는 소금과 설탕 사이에서 옳은 것을 선택하는 것이 아니다. 소금의 맛과 설탕의 맛이 다른 것이지 어느 하나가 틀린 것은 아니니까. 그리고 설탕이 소수이고 소금이 다수여서 무조건 소금을 선택하는 것만도 아니다. 친구 사이에서 내 것만 챙기지 않듯 사람들의 결사체인 협동조합에서는 '너'의 자리에 서보는 것이 필요하다. 내가 남이 될 수는 없지만 그 자리에 서보는 것.

이것은 《한살림선언》*에도 잘 나와 있다. '불연기연(不然期然)'이라는 것인데 그 뜻을 글자 그대로 해석하면 '그렇지 않다, 그렇다'이다. 그럴 수도 있고, 아닐 수도 있다는 뜻이다. 우리의 생각은 옳고 그름으로만 구분되는 것이 아니라 시간을

---

* 한살림모임(1989), 한살림. p. 57.

두고 보면 달라진다는 말이다.

예컨대 우리는 '알다'의 반대가 '모른다'라고 한다. 하지만 이런 경우를 한번 생각해보자. 내가 옛날에는 카드 사용이 편리하고 좋을 줄만 알았다. 그런데 조합원이 되고 나서 보니 협동으로 번 피같은 돈이 카드수수료로 빠져나간다는 것을 알게 되었다. 그 후론 절대 카드로 결제하지 않는다. 그러니 알고 모르는 것이 아니라 누구는 이미 알고 있고 누구는 아직까지 모를 뿐이다. 반대가 아니라 다른 것, 다른 상태이다.

그래서 협동조합의 운영은 다양성을 인정하는 것에서 시작한다. 일본의 한 의료생협에서는 "모두가 달라서 모두가 좋다. 한 사람 한 사람의 생명이 빛나는 건강한 마을"이라는 모토를 가진다고 한다. 나의 눈 하나로 보고 나의 경험 하나로 생각하는 것보다 열 사람의 눈으로 보고 열 사람의 경험이 보태지면 우리 협동조합이 훨씬 더 다양해지고 풍부해지지 않겠는가? 저 둥근 달처럼.

3) 어떻게 조합원이 주인노릇을 하게 할 것인가?

나는 오래된 작은 빌라에서 살고 있다. 어느 날 아래층 집의 딸이 찾아와 자기 집 작은 방 천장에서 물이 한두 방울 떨어지는데 아무래도 우리 집에서 새는 것 같다고 했다. 순간 귀찮은 마음, 우리 집 때문이 아닐 수 있지 하는 부정하고픈 마음이 올라왔다. 하지만 물 샐 때 바로 올라와서 따지지 않고 며칠을 두고 보다가 와서 차분히 얘기하는 그 모습이 너무 기특했다. 또 좁은 집에 다 큰 아들과 딸을 비롯한 네 식구가 사는데 방 하나가 그리되면 마루에서 자야 되지 않을까 걱정도 되었다.

그래서 단골 집수리 사장님을 불러 누수탐지기로 검사해보니 우리 집 거실 배관이 낡아 터져서 물이 졸졸 샌다는 사실이 밝혀졌다. 그래서 50만 원을 들여 배관공사를 했고, 어쨌든 우리 집으로 인해 피해를 입었으니 나의 친구가 가져다준 유기농 채소 꾸러미를 선물로 드리며 미안하게 되었다고 말씀드렸다. 그랬더니 아랫집에서는 커다란 배추 한 통을 답례로 주어서 살짝 당황하기도 했지만 뭔가 잘 마무리된 것 같아서 흐뭇했던 기억이 있다. 만약 그때 내 수중에 돈이 한 푼도 없었다면 참 곤란했을 터인데 평소에 조금씩 모아둔 여윳돈이 있어 선뜻 지불할 수 있었다. '그래, 돈은 이럴 때 써야지.' 하며 내심 능력자가 된 것 같아 혼자 뿌듯해하면서.

집을 소유했다고 다 집주인이라 할 수 없다. 많은 집주인이 전월세로 소득을 얻을 생각은 하면서도 세 준 집에 하자가 생길 때는 수리 안 해주려고 갖은 핑계를 댄다. 대출을 끼고 집을 사서 돈이 별로 없으니 수리해줄 돈이 없다고 나 몰라라 하는 경우도 있다. 그 행패가 워낙 심해 '조물주 위에 건물주'라는 말이 생길 정도이니 오죽하랴! 임대수익만 챙기고 세입자들에게 해야 할 서비스는 해주지 않고 권리도 보장해주지 않는다면 전월세 사는 사람들 어디 서럽고 억울해서 살겠나?

협동조합에서 조합원의 경우도 매한가지다. 내가 조합원이고 주인이니 내가 필요한 것을 얻으려 하는 것은 당연하다. 조금 더 적극적인 사람은 성실하게 이용하고, 조합원 모임에 참여하는 경우도 있다. 이런 것이 다 주인 된 자로서 기본적이고 중요한 자세이다. 그런데 이런 저런 일에 참여한다고 해서 주인노릇이라고 할 수 없다.

예컨대 누군가가 마련한 자리에 감으로써 참여한다. 그런데 그 모임이나 행사가 제대로 되지 않았을 경우, 그 자리에 참여한 조합원 가운데 왜 준비를 제대로 하지 않았냐고 불만을 터뜨리는 조합원은 있지만 '왜 준비가 제대로 안 되었을까?' 하며 살피고 해결책을 찾는 사람은 별로 없다. 또 다른 예를 보자. 신규 사업이 필요한데 자금이 부족해서 하기 어렵다는 보고를 들으면 '그동안 돈 안 벌고 뭐 했나?'라며 지청구를 하는 경우는 있지만, '어떻게 증자를 할 수 있을까?'를 스스로 고민하는 조합원은 별로 많지 않은 실정이다.

출자금을 내고 조합원이 되었다고 무조건 주인이 되지 않는다. 진정한 주인은 요구하기 이전에 전체를 살피고, 그에 따라 판단을 내리며, 자신이 해야 할 의무를 알고 권리를 행사하는 사람이다. 그러므로 협동조합의 임원이나 활동가들의 중요한 임무는 조합원들이 제대로 주인노릇을 할 수 있도록 안내하고 방법을 제시하는 것이다.

그러기 위해서는 첫째, 무엇을 협동하고, 어떻게 협동할 것인지 알아야 한다. 협동조합은 "공통의 경제·사회·문화적 필요와 열망을 충족시키기 위해" 모였고, 무엇을 어떻게 협동할 것인지 정하는 과정이 곧 협동을 준비하는 과정이다.

둘째는 협동조합이 어떤 조직이며, 운영 원리가 무엇인지 알아야 한다. 직업의 전문성이 있다고, 많이 배웠다고 제대로 된 주인노릇을 할 수 있는 것이 아니다. 특히 일반기업에서의 경험을 가지고 비교하며 비판하는 경우가 많다. 그 경험은 소중하나 무조건 적용하는 건 도리어 해가 될 수 있다. 우선 협동조합을 알아야 그에 적합한 것이 무엇인지 판단할 수 있을 것이다.

셋째는 위에 말한 첫째와 둘째의 내용을 알고 의사결정에 참여해야 한다. 무엇을 어떻게 협동할지 모른다면 잘한 건지 못한 건지, 이걸 해야 할지 말아야 할지 판단할 수 없다. '자율과 독립'에 기반하는 것이 협동조합이므로 외부에서 가져온 기준으로 평가할 수 없는 일이다. 주인은 밖에 있는 것이 아니라 안에 있고, 그 자리는 누가 부여하는 것이 아니라 스스로 마련하는 것이다.

2

협동하는 관계

협동조합을 비롯한 결사체 조직의 경제활동은 궁극적인 목적이 이윤을 극대화하는 돈벌이 경제가 아니라 '살림살이경제'라고 한다. 이에 관해 가장 널리 알려진 이론가는 칼 폴라니(Karl Polanyi)*인데 그는 "경제란 물질적인 필요를 충족시키기 위하여 사람과 사람이 상호작용하고, 사람과 자연이 상호작용하는 것"이라고 정의한 바 있다. 쉽게 말하면 우리가 먹고 살기 위해서는 사람과 사람이 협동할 뿐 아니라 사람과 자연 간에도 협동한다는 뜻이다.

사람과 사람이 협동하려면 호혜적인 관계를 맺어야 한다.

---

* 호혜성에 대한 이론은 칼 폴라니가 공동으로 저술한 『초기 제국시대의 교역과 시장 (Trade and market in the early empires)』(1957) 가운데 '제도화된 과정으로서의 경제 (The Economy as instituted process)'라는 글에 담겨 있다.

하지만 사람의 일이라는 것이 주고받아서 꼭 이익을 얻거나 편의가 생기지만은 않을 것이다. 그래서 협동조합에서 호혜성이라는 표현을 사용할 때는 칼 폴라니의 생각을 빌려오는 경우가 많다.

칼 폴라니에 따르면 호혜성이란 "대칭이 되는 상관관계 사이의 운동"이다. 대칭되는 상관관계란 예컨대 선배/후배, 스승/제자와 같이 나이와 연식의 차이가 있거나 친구 사이와 같은 사회관계를 비롯해 부모/자식, 이모나 고모/조카와 같은 친족관계 등을 말한다. 어쨌든 호혜성은 서로 관계가 있는 사람(집단) 사이에서 뭔가가 왔다 갔다 한다는 뜻이다. 예컨대 선배가 후배한테 밥을 사주고 후배는 선배가 이사 갈 때 이삿짐을 날라주는 일, 친구 사이에 생일에 선물을 주고받거나 결혼할 때 부조를 하는 경우이다. 이렇듯 사회관계가 기반이 되어 물질적인 것이 오고가며 서로 살림을 돕고 관계를 돈독히 하는 것을 호혜에 기반한 '살림살이경제'라고 한다.

1) 호혜적 협동

협동의 호혜성은 아주 다양하다. 둘 사이에 서로 주고받는 상호적인 협동도 있고, 사람들이 많을 때는 순환적인 협동도 가능하다. 또 긴 시간을 두고 보면 순차적 협동(세대 간 협동)도

상호적 협동 : A⇔B
순환적 협동 : A → B → C → A
순차적 협동 : A → B → C → D → E

가능하다. 상호적인 협동은 내가 주고 네가 받고, 또 너는 내게 되돌려주는 것이다. 순환적인 협동은 나는 네게 주지만 너는 내가 아닌 다른 누구에게 주고, 그것이 돌고 돌아 내게로 돌아온다. 순차적 협동은 내가 내 자식이나 후배에게 주고 내 자식이나 후배는 그의 자식이나 후배에게 주는 협동이다. 그래서 때로 협동은 단기간에 좁은 관계만 보아서는 잘 알 수 없고 장기간에 걸쳐 넓은 틀에서 보아야 그 흐름이 드러나는 경우가 많다.

두 당사자 간 이루어지는 상호적인 협동의 대표적인 예는 소비자와 생산자 간의 협동을 기반으로 하는 소비자생활협동조합이다. 소비자는 생산자가 안심하고 생산에 집중할 수 있도록 구매를 약속하여 생계를 책임지고, 생산자는 소비자의 건강을 위하여 안전한 먹거리를 공급해준다. 공정무역의 경우도 같은 원리다. 대부분 북반구에 있는 잘사는 나라의 소비자들과 남반구에 있는 가난한 나라의 노동자들 및 생산자들 간에 이루어지는 것이 공정무역이다.

또 한 조직 내에서 보자면 예컨대 사회적협동조합에서 노동자 조합원과 이용자 조합원 간의 상호적인 협동이 있다. 돌봄 서비스를 제공하는 협동조합이라면 서비스의 만족도를 높이기 위해서는 두 조합원 유형의 협동이 필수적이다. 이용자의 구체적이고 특별한 욕구(needs)가 무엇인지 잘 파악해야 노동자는 질 좋은 서비스를 제공할 수 있다. 그래서 이용자 조합원은 늘 노동자 조합원에게 자신의 상황과 처지를 알려주고, 노동자 조합원은 이용자 조합원에게 의견을 물으며 서비스를 함께 만든다. 서로 잘 알고 신뢰하는 관계를 형성할 때 좋은 서비스를 제공할 수 있다.

순환적인 협동은 의료복지사회적협동조합의 예에서 보듯이 다수의 소비자 조합원들이 의료와 돌봄 시설을 만들고, 의사와 간호사와 물리치료사 등 의료인 직원들은 소비자 조합원인 환자들을 위해 적정 진료와 건강증진을 위해 노력하고, 자원봉사 조합원들은 의료사협의 활동이 지역사회에 도움이 되도록 임금을 받지 않고 노동을 제공한다. 이런 선순환구조가 잘 돌아가면 자원봉사 조합원은 자신이 직접 서비스를 이용하지 않아도 자신이 사는 지역사회에 돌봄이 확충되어 더 안심하며 살 수 있다는 만족감을 얻게 된다.

순차적 협동은 세대 간 협동이라고도 한다. 부모가 자식을 양육하고, 그 자식은 성인이 되었을 때 짝을 만나 아이를 낳고 그 아이를 양육하듯이 아래로 아래로 내려가는 경우이다. 비단 부모자식 간에만 이러한 협동이 이루어지는 것은 아니다. 고령화가 진행되면서 지역사회 돌봄 또한 세대 간 협동으로 이루어지는 경우를 볼 수 있다. 같은 지역에 사는 좀 덜 늙은 5~60대 장년층이 70대 이상 고령층을 돌보고, 돌봄을 제공하던 세대가 고령이 되면 그 지역의 장년층에게서 돌봄을 제공받는 방식이다. 그러니 협동은 꼭 나와 너, 또는 우리끼리만 만드는 관계가 아니다.

이것은 협동조합의 연식이 지남에 따라 꼭 알아야 할 협동 관계이다. 신영복 선생님이 들려주신 얘기*를 들면 쉽게 이해가 갈 것이다. 선생님이 러시아의 모스크바에 가서 지하철을 탔는데 청년들이 서 있는 노인들을 보면 모셔 와서 앉게 하는 것을 보았다. 왜 그러냐고 물었더니 청년들은 "그 노인들이 혁명적인 열정으로 이 지하철을 만들었다는 것을 알고 있기 때문"이라고 답했다고 한다. 이전 세대의 노고를 알기 때문에 감사하는 마음이 생긴 것이다.

협동조합을 설립할 때 보면 조합원들은 너나 할 것 없이 나선다. 교육을 받고, 사람을 모아야 하고, 토론을 해서 정관과 조직 체계를 짜고, 돈을 모아 필요한 시설과 설비를 갖추고, 인가

---

* 2013년 제2회 청년 협동조합 컨퍼런스
  https://www.youtube.com/watch?v=etQRVmRNX0M (2024년 10월 5일 인출)

를 받고 사업을 시작하기 때문에 열 일 제치고 달라붙어야 한다. 그렇게 돈과 시간과 애정을 가지고 참여했기 때문에 보통 초기 조합원들은 서로 잘 알고 조직에 대한 소속감도 크다.

그렇게 몇 년이 지나 자리가 잡히면 나중에 가입한 조합원들은 이 모든 일을 하지 않아도 되니 얼마나 편하고 좋을까? 이런 선배 조합원들의 수고로움을 모르거나 당연한 것으로 여긴다면 감사하는 마음을 가지지 않을 것이다. 그러므로 협동조합의 연식이 늘고 규모가 커질 때 협동이 잘 이어지도록 주의해야 한다. 초기 조합원들이 설립하고 체계를 잡았기에 나중에 온 우리는 똑같은 고생을 하지 않고도 이런 서비스를 누릴 수 있다는 것을 알려주어야 한다. '먼저 온 조합원들이 우리에게 터전을 만들어 주었어. 그러면 우리는 나중에 올 조합원들을 위해 무엇을 만들어줄까?' 이렇게 생각하고 고민하는 생각의 협동이 이어질 때 순차적 협동이 이루어질 것이다.

특히 조합원이 많은 대규모 협동조합, 회원조직을 두는 연합회가 있는 협동조합에 이르면 호혜성의 구조는 아주 복잡해진다. 층층이 겹겹이 협동의 구조가 복잡해지면 내가 누구와 어떻게 협동하는지 파악하기 어려워진다. 게다가 긴 시간을 둔 순차적 협동을 계획할 때는 특히 조합원들의 이해와 동의가 필수적이다. 오래된 조직의 경우 조합원들은 순차적 협동의 관계를 제대로 파악하기 어렵다.

많은 경우 단기간의 협동을 보면서 불만을 가지거나 협동에서 소외된다고 생각하기도 한다. 또 협동이 잘되지 않는다고 속단하는 경우를 볼 수 있다. 그래서 구성원인 조합원들은 협동의 원칙만이 아니라 협동의 구조에 대해 이해하고 있어야 협동조합을 신뢰할 수 있다. 협동의 구조를 안다는 것은 전체를 안다는 것이다. 이것이 협동조합의 경영에 아주 중요한 요소인데 이를 간과하는 경우가 많아 신뢰의 위기가 오기도 한다. 문제가 생길 때 사람(부분)만 보지 말고 구조(전체)를 함께 보아야 하는 이유이기도 하다.

2) 구조적 협동

협동조합은 유형에 따라 규모의 차이가 크다. 보통 이용을 목적으로 하는 소비자협동조합의 경우 공동구매를 통해 판매를 하기 때문에 충분한 규모가 이루어져야 효과가 발생한다. 그래서 조합원 수가 많은 반면, 기본출자금 액수는 크지 않다.

한편, 대부분의 노동자협동조합의 경우 임금노동자가 주인이 되어 직접 자신의 기업을 설립하고 경영하기 때문에 규모는 작고 기본출자금 액수가 큰 편이다. 그런데 공동육아협동조합의 경우 노동자협동조합은 아니지만 부모들이 직접 자신들의 아이를 위한 어린이집을 설립하고 운영하기 때문에 노동자협동조합처럼 기본출자금 액수도 크고 노동의 협동 의무도 크다.

사회적협동조합의 경우 조합원뿐 아니라 지역사회에 필요한 공익적인 목적을 추구한다. 그래서 노동자, 이용자, 자원봉사자 등 다양한 조합원 유형으로 구성되기 때문에 어떤 분야에서 활동하든 기본적으로는 조합원 규모가 다른 일반협동조합보다는 클 수밖에 없다.

이렇듯 협동조합을 비롯하여 결사체 조직을 만드는 일은 협동의 구조를 만드는 일이다. 무엇을 어떻게 협동할 것인지 생각을 모으는 생각의 협동으로 시작하여, 그 형식을 만드는 과정에서 노동의 협동과 자본의 협동이 이루어진다. 앞서 보았듯 협동조합의 유형에 따라 자본과 노동의 협동은 달라진다. 그러므로 그 협동 구조를 잘 설계해야 설립하고 나서 삐거덕거리지 않고 협동 관계를 지속할 수 있다.

그런데 그렇게 만든 구조에서 어느 정도 시간이 지나면 왜 제대로 협동이 이루어지지 않을까? 왜 이탈자가 생기고 불만이 생길까? 그 까닭은 낡은 구조적 협동에 빠져있기 때문이 아닐까 생각된다. 협동의 구조는 한 번 만들면 알아서 돌아가지 않는다. 시간이 지남에 따라 사람이 들고나며 상황도 변하기 때문이다. 이는 민주주의와 같은 원리이다. 민주주의라는 제도를 만들어 놓으면 알아서 돌아가는 것이 아니라 대의하고 감시하고 보고하는 상호작용과 순환 체계가 있어야 제대로 작동한다. 그리고 그 과정에서 내용과 형식은 계속 변한다.

이 상호작용을 통한 순환 체계가 제대로 돌아가지 않는 것을 보통 '의사소통이 제대로 이루어지지 않는다'라고 표현한다. 분명히 회의를 했는데 서로 달리 이해하고 예상하지 않은 결과가 나타나 당혹스럽게 한다. 그리고 그런 일들이 빈번히 일어나 또 회의를 하며 문제가 뭔지 토론하고 성토하는 일이 반복된다. 그러다 어느 날 문득 느끼게 된다. '늘 같은 문제를 얘기하는데 왜 해결이 안 되는 거지?' 그렇게 여러 차례 회의하다 보면 더 이상 문제를 거론하는 것조차 부담스러워진다. 구조적인 문제는 구조를 확 바꾸어야 하는데 그러기에는 너무나 많은 것들이 걸려 있어 어디서부터 어떻게 시작해야 할지 엄두가 나지 않고, 방법도 하나가 아니기 때문이다. 이것이 구조적 협동이 안고 있는 위험이다.

사람이 협동하지 않고 구조가 협동을 할 때, 그것이 시스템이라고 생각하며 지키려 하는데 사실 그때 지키는 것은 사람이 아니라 조직이라는 '형식'이다. 결사체이기 때문에 그 조직을 지키는 것이 사람을 지키는 것이라 착각하지만 그때 그 조직은 이미 사람의 통제를 벗어난, 사람을 벗어난 껍데기이자 제도일 뿐이다.

철학자 카스토리아디스*는 '상상의 사회제도'라는 표현을 했다. 사회제도는 미리 존재하는 것이 아니라 사람의 머릿속에 있는 것이 실현되는 것이다. 그러하기에 그 제도는 사람의 생각이 바뀌면 변화해야 하는데, 사회의 식민지가 된 사람은 더 이상 생각하지 않고 사회의 노예가 된다. 이것이 민주주의의 죽음이다.

사람이 만든 제도는 사람만이 깨부술 수 있다. 그러기 위해서는 생각을 해야 한다. 다시 생각해야 한다. 지금 협동이 제대로 안 되면 조직보호 논리를 벗어나 협동의 구조에 대해 다시 생각해보자. 이 사람 저 사람 사람 탓하기 전에, 우리는 진정 협동할 수 있는 구조 속에서 만나며 일하고 있는지!

---

* 《상상의 사회제도(L'institution imaginaire de la société)》는 철학자 카스토리아디스(C. Castoriadis)의 저서이다. 이에 대해서는 〈모심과 살림〉 6호의 특별기고 "지속가능한 탈성장의 길"(세르주 라투슈)을 참조하기 바란다.

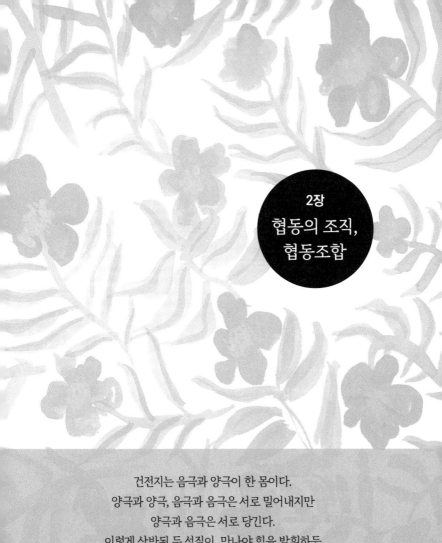

2장
협동의 조직,
협동조합

건전지는 음극과 양극이 한 몸이다.
양극과 양극, 음극과 음극은 서로 밀어내지만
양극과 음극은 서로 당긴다.
이렇게 상반된 두 성질이 만나야 힘을 발휘하듯
협동조합 또한 서로 다른 '나'와 '너'가 만나
한 몸이 되었을 때 힘을 발휘하게 된다.
어떻게 한 몸이 될 것인가?

* * *

"주식회사의 주인은 누구예요?" "주주요."

"어떻게 주주가 될 수 있나요?" "주식을 사야 해요."

"그럼 주식회사의 주인은 돈으로 주식을 사면 되는 거죠?" "네."

"협동조합의 주인은 누구예요?" "조합원요."

"어떻게 조합원이 될 수 있나요?" "가입하고 출자금을 내야 해요."

"그럼 주식회사나 협동조합이나 다 돈으로 주인이 되는 건가요?"

"끙…."

협동조합 교육을 할 때면 보통 이런 질문이 오고 간다. 잘 나가다가 마지막 질문을 하면 모두가 갑자기 말문이 막힌다. 그게 아닌데 하면서도 딱히 반박할 수 없기 때문이다. 협동조합의 주인은 조합원이라는 걸 알고 있고, 협동조합은 조합원이 참여하여 운영한다는 것도 알고 있다. 하지만 정말 조합원들이 참여하여 운영하고 있을까?

협동조합을 몰라도, 그래서 협동하지 않아도, 주인노릇하지 않아도 여전히 조합원으로 있을 수 있고, 그들을 주인이라고 한다. 서류상으로는 협동조합일 수 있지만 현실에서 이런 상태로는 제대로 돌아가지 않는다. 그러니 행정 절차상 하자가 없는 '종이협동조합'이 아니라 뼈와 살로 이루어져 있고 피가 도는 협동조합을 만들어야 한다. 사람과 사람이 만나 주고 받으며 펄펄 살아있는 협동조합이 되어야 한다. 그러려면 어떻게 해야 할까?

먼저 협동조합에 대한 무지를 깨뜨려야 한다. 이치를 터득하게 되면 모르고 애쓰는 것보다는 훨씬 쉬워진다. 그러나 이치를 알았다고 해도 무의식적으로, 자동으로 작용하는 습관을 바꾸기 쉽지 않다. 그래서 꾸준한 연습이 필요하다.

협동조합에 대한 무지를 깨뜨린다는 것은 구체적으로 무슨 뜻일까? 협동조합의 원칙이 무엇인지 바로 알고, 원칙을 제대로 이해하는 것이다. 꾸준히 연습한다는 것은 자신의 습관(편견과 자기 방식)을 고집하지 않고, 원칙에 의거하여 협동의 구조를 설계하고 운영하며, 원칙에 비추어 자신과 조직의 활동을 점검하는 것이다.

이렇게 협동조합에 대한 무지를 깨뜨리고 협동조합답게 운영하도록 안내하기 위해 국제협동조합연맹(ICA)은 1995년에 협동조합의 정체성을 선언했다. 협동조합의 정의, 가치, 원칙으로 이루어진 정체성은 하루아침에 뚝딱 만들어진 것이 아니다. ICA 주체들이 100년 동안 연구하고 토론하여 생각의 협동을 이루어 만든 소중한 결실이다. 그러니 협동조합을 하려면 먼저 이것부터 알아야 하고, 잘 운영하려면 그 말에 새겨진 뜻을 정확하게 이해해서 실천해야 할 것이다.

1

협동조합의 탄생과
협동조합운동의 발전*

1) 협동조합은 언제, 어디서, 어떻게 시작되었을까?

이 세상에는 세 종류의 기업이 있다. 공기업, 민간영리기업, 민간비영리기업이다. 이중 민간영리기업의 대표적인 예는 주식회사이고, 민간비영리기업은 보통 사회적경제기업이라 할 수 있는 협동조합, 공제조합, 어소시에이션이다. 한국에서는 협동조합기본법에 사회적협동조합을 비영리라고 명시하다 보니 일반협동조합은 영리기업으로 치부되는 어처구니없는 일이 벌어지고 있다. 그러나 협동조합의 궁극적인 목적은 이윤을 극대화하여 구성원들에게 배당하는 것이 아니라 구성원

---

* 이 부분은 저자가 2021년에 발간한 책 《처음 만나는 협동조합의 역사》를 참조하기 바란다.

과 지역사회에 봉사하는 것이므로 대부분의 나라에서 비영리 기업으로 간주된다.

　주식회사와 협동조합의 차이는 단순히 영리냐 비영리냐에 있지 않다. 근본적인 차이를 알려면 조금 더 시간을 거슬러 올라가서 누가, 어떤 목적으로 만들어서 어떻게 운영했는지 역사를 보아야 한다. 주식회사의 기원은 대항해 시기인 1602년에 네덜란드에서 아시아의 무역 시장을 개척하기 위해 만들어진 동인도회사이다. 영국이 네덜란드보다 2년 앞서 1600년에 동인도회사를 설립했지만, 사실 그 아이디어는 네덜란드에서 시작되었고 네덜란드가 설립 준비를 한다는 것을 알고 영국이 선수 친 것뿐이다. 그래서 자본 조달을 위해 최초로 주식을 발행한 주식회사라는 모델의 시작은 네덜란드라고 할 수 있다. 그도 그럴 것이 자원이 부족한 조그마한 나라인 네덜란드는 일찍이 상업이 발달했고 상인의 세력이 컸기 때문이다.

　말이 무역회사이지 동인도회사는 실제 아시아 각국의 향료를 수탈하여 자국에 팔아 막대한 이익을 남긴 약탈자다. 그리고 이 회사의 진출로 아시아에 발판을 닦은 유럽 국가들은 이후 그 나라들을 제국주의의 식민지로 삼았다. 초기에 민간 상인들이 그 먼 나라에 가기 위한 장비와 물자를 조달하기 위해 돈이 필요했고, 주식을 발행해 필요한 자본을 조달했는데, 덕분에 동인도회사의 주주들은 투자금의 몇 배에 달하는 배당금을 챙겼다. 그러니 주식회사의 시작은 애초에 자유로운 경쟁을 통한 이윤 창출이 아니라 무력과 약탈로 이윤을 취한 불공정무역이었다. 이런 역사로 인해 최초의 공정무역도 네덜란드의 비정부조직(NGO)에 의해 시작되었다.

반면, 최초의 협동조합은 주식회사보다 약 한 세기 지난 1696년, 영국 런던에서 설립된 '화재보험공제회'이다. 많은 사람이 최초의 협동조합을 1844년에 영국의 로치데일에서 설립된 소비자협동조합인 '로치데일의 공정개척자(The Rochdale Society of Equitable Pioneers)'로 알고 있다. 정확히 말하면 로치데일은 현재 전 세계가 인정하는 협동조합 원칙의 초석을 놓은 직계 조상이지만 최초는 아니다. 그러니까 로치데일은 협동조합의 현생인류인 호모 사피엔스인 셈이다.

이 지혜로운 협동조합을 근대적인 의미의 협동조합, 즉 협동조합다운 협동조합의 시작으로 본다면 협동조합이 주식회사와 얼마나 다른지 확연히 알 수 있다. 로치데일의 공정개척자들은 상인이 아니라 가진 것 없는 방직공 노동자들이었다. 그들이 공정개척자회를 설립한 까닭은 중간상인들(브로커)의 농간으로 터무니없는 가격에 생필품을 사야 하는 상황을 바꾸기 위해서다. 가진 것 없는 노동자들이 협동하여 자신들의 상점을 만들어 공정한 가격에 판매해 구성원들의 살림살이를 지키려 한 것이다. 왜냐하면 그들은 영국 사회적경제의 선구자인 오언(Robert Owen)의 영향을 받아 공정함을 추구했기 때문이다.

또한 공정개척자들이 자신들의 협동조합을 설립하기 위하여 모델로 삼았던 것은 '맨체스터 질병 및 장례 구호회'였다. 그러하기에 공정개척자회는 단지 나를 위한 소비를 목적으로 하는 소비자협동조합으로서의 정체성을 가진 것이 아니었다. 오히려 너와 내가 서로 돕는 상호부조에 기초한 소비회의 모델을 구상했다. 그러하기에 그들의 계획은 상점을 여는 데 그치지 않았다. 공정개척자들은 구성원에게 주거를 제공하기 위하여 주택을 구입하고, 실업에 처한 구성원에게 적합한 일자리를 제공할 목적으로 상품을 생산하고자 하였다. 또한 노동자들의 각성을 목적으로 노동자들의 알코올 중독에 대처하기 위한 '금주실(禁酒室)' 사업도 추진하였다.

그러면 로치데일의 공정개척자들은 어떤 정신으로 협동조합을 시작했을까? 그들은 운영 원칙을 정립하기 전에 먼저 두 가지 근본적인 물음을 던졌다. 하나는 '어떻게 아무것도 없는 사람들이 서로 도울 수 있을까?'이고, 다른 하나는 '어떻게 사람들이 해방될 수 있을까?'이다. 이 두 근본적인 물음은 공정개척자들이 뜻을 세우고 조직을 만들기 전, 적대적인 환경에서 똘똘 뭉쳐 협동의 힘을 잃지 않기 위해 늘 되묻곤 했던 화두였다. 그리고 이러한 질문은 그들이 공통의 정체성을 수립하는 데 중요한 역할을 했다.

첫 번째 질문은 단순해 보이지만 잘 생각해보면 참 어려운 질문이라는 걸 알 수 있다. 협동조합의 생명은 협동에 있고, 협동이란 서로 도움을 주고받는 관계를 만드는 과정이다. 그런데 보통 배운 것 없고 가진 것 없는 사람들은 자신이 남에게 줄 것이 없다고 생각한다. 게다가 없는 사람들끼리 서로 돕고 살아야 한다지만 살기 어려울수록 마음도 따라서 가난해져 협동은 더 어려운 과제일 수 있다.

두 번째 질문은 공정개척자회 멤버들의 진보한 의식과 이상을 보여준다. 그들은 단지 소비생활의 안정을 바라는 데 만족하지 않고 궁극적으로는 해방된 삶을 추구했다. 이는 당시 오언의 영향을 받은 깨어 있는 노동자들의 이상이기도 했다. 그러니까 협동조합은 현실의 문제를 해결하는 수단이자 동시에 커다란 삶의 이상을 실현하는 해방의 도구이기도 했다.

공정개척자회의 여정에서 이 두 질문은 그들이 길을 잃지 않고 전진할 수 있는 나침반이 되어주었다. 그렇게 같은 방향을 보고 걸어가니 흩어지지 않고 함께 걸어갈 수 있었던 것일 게다. 공동의 정체성이 분명할 때 협동이 용이해진다. 달리 말하면 생각의 협동이 바탕이 되어야 노동과 자본의 협동이 자연스럽게 따라온다는 것이다. 이런 면에서 보면 로치데일의 공정개척자들은 생각의 협동을 지속할 수 있는 길잡이를 가지고 시작한 셈이다. 자신들을 이끌어주는 두 개의 질문으로.

앞에서 살펴봤듯이 로치데일의 공정개척자들을 만든 사람들 이전에 오언이 있었고, 그들이 만든 소비협동조합회사 이전에 맨체스터의 공제조합이 있었고, 그 이전에 런던화재보험 공제회가 있었다. 이렇듯 협동은 지금 이 시대를 살아가는 나와 너, 우리만의 협동으로 이루어지지 않는다. 이전 세대의 도전과 경험, 그로부터 축적된 운영 원리가 지금의 우리에게 자산이 되고 자본이 되는 것이다. 그래서 ICA는 협동조합인들이 지켜야 할 가치를 "창건자들의 전통을 계승하여 협동조합의 멤버들은"으로 시작했다. 이전 세대의 역사를 알고, 그들의 뜻을 이어받는 것이 중요하기 때문이다.

2) 평화를 위한 협동조합운동

'하나의 물방울이 영원히 마르지 않으려면 어떻게 해야 할까?' 이 재미있는 질문은 유명한 불교의 화두이다. 물방울 하나는 햇빛을 받아 곧 증발하거나 바람에 날려 흩어져버릴 것이다. 그것이 영원히 마르지 않으려면 바다에 뛰어들어야 한다. 바다는 영원히 마르지 않기 때문이다. 물방울이 물방울로만 남으려고 고집하지 않아야 한다는 뜻이다.

그러면 하나의 협동조합이 영원히 마르지 않으려면 어떻게 해야 할까? '협동조합운동'이라는 바다로 뛰어들어야 한다. 로치데일의 공정개척자들은 그 지혜를 가지고 있었던 듯하다. 처음부터 그들은 정관 제1조에 "이해가 통일되고, 스스로 지탱하며, 다른 유사한 공동체의 설립을 위해 상부상조하는 다른 회에 도움을 주는 공동체를 세울 것이다."라고 못 박아두었다. 이 열망은 후에 2차 협동조합인 도매협동조합(cooperative wholesale society)으로 구현되었고, ICA는 그 경험을 살려서 '협동조합 간의 협동'이라는 원칙으로 정립했다. 아무리 지혜로운 협동조합이라도 홀로 모든 열망을 충족시킬 수 없다. 그래서 협동은 협동조합 내 구성원들 간의 협동에 머물지 않는다. 밖으로는 협동조합들 간의 협동과 지역사회와의 협동, 전국 단위의 협동과 국경을 넘어 국제적인 차원의 협동으로 확장된다. 그 결과 탄생한 것이 ICA이다.

여기서 우리는 ICA의 탄생 과정에 주목할 필요가 있다. 왜냐하면 ICA는 단순히 협동조합들이 많아져서 그들의 이해를 대변하기 위해 만들어진 이익집단이 아니기 때문이다. 그보다는 사회와 세상을 위한 협동조합운동의 길을 내기 위해 협동조합인들의 뜻을 모은 결사의 과정이었다.

협동조합운동은 로치데일 공정개척자들과 같은 선구자들의 모험에서 본격적인 서막이 올랐다. 하지만 공정개척자들뿐 아니라 프랑스에서는 노동자협동조합 운동이, 독일에서는 도시

로치데일의 제1법(first law)
: 로치데일 정관 제1조

● **사업 목적**

공정개척자회는 다음과 같은 사업을 실현하기 위하여 1파운드당 구좌로 분할된 충분한 자본을 통하여 멤버들의 금전적, 사회적, 가족의 여건을 향상하는 것을 목적으로 한다.

● **사업 기획**

식료품과 의류 등의 판매를 위한 상점을 개설한다. 서로 도와 가족과 사회의 여건을 향상시키고자 하는 멤버들을 위하여 일정한 수의 주거를 건설하거나 매입한다. 실직했거나 반복적인 임금 하락으로 고통을 받는 멤버들을 고용하기 위하여 공정개척자회가 적합하다고 판단되는 제품을 제작하기 시작한다. 멤버들에게 점점 더 많은 혜택과 안전을 제공하기 위하여 공정개척자회는 토지를 사거나 임대할 것이다. 이 토지는 일자리가 없거나 임금이 낮은 멤버들이 경작하도록 할 것이다.

● **궁극적 목적**

가능한 한 빠른 시일 내 공정개척자회는 재화의 생산과 분배, 교육, 자치제도를 도입할 것이다. 달리 말하자면, 이해가 통일되고, 스스로 지탱하며, 다른 유사한 공동체의 설립을 위해 상부상조하는 다른 회에 도움을 주는 공동체를 세울 것이다.

출처 : 《처음 만나는 협동조합의 역사》, p. 240.

와 농촌에서 신용협동조합 운동이 활발히 일어나며 그야말로 협동조합의 춘추전국시대를 열어간다. 그리고 로치데일 공정 개척자회가 설립된 1844년 이후 불과 50년 동안 협동조합운 동은 전 세계로 확산되었다.

협동조합이 발전한 시기는 또한 사회와 세상의 불안이 커지는 시기이기도 했다. 그래서 ICA 설립의 핵심 주체들은 당시 좌파와 우파의 이념 대립이 격화되는 정세에 대해 심각한 우려를 표명하며 모든 사회 문제를 점진적이고 평화적인 방법으로 해결하고자 했다. ICA 설립을 통해 협동조합이 계급과 신앙, 인종의 차별을 두지 않고 모든 사람을 위한 결사체임을 보여주기를 원했다. 그래서 ICA의 설립 추진자들은 "모든 나라 협동조합인들의 힘을 모아 상호부조와 사회평화의 사상을 전파하고, 이를 통하여 모든 관대한 심성을 가진 이들이 믿고 있는 이상인 세계평화를 이룩하자"는 목표를 설정했다.

ICA가 만들어지는 과정을 보며 우리는 두 가지 기억해야 할 것이 있다. 우선 협동조합운동은 작은 것들의 협동으로 커다란 협동의 체계를 구축했다는 점이다. 아래로부터 결사한 조직들이 차근차근 단계를 밟아가며 다른 조직들의 참여를 독려하여 연합하는 풀뿌리민주주의를 실현하는 방식이다. 둘째로, 협동조합운동은 특정한 이념을 대변하는 운동이 아니라 그 이념과 차이를 넘어 평화를 추구하는 운동이라는 점이다. 이러한 까닭에 협동조합의 제1원칙이 '자발적이고 개방적인 조합원제도'가 되었다.

그러니 협동조합은 특별한 사람이 하는 것도, 가진 것 없는 사람만이 하는 것도, 끼리끼리만 하는 것도 아니라 누구나 할 수 있고, 모두에게 열린 보편적이고 개방적인 조직이라는 것을 널리 알리는 것이 필요하다. 왜냐하면 협동조합을 색안경 끼고 보는 사람들이 많이 있기 때문이다. 누군가는 협동조합이 이념적으로 경도되었다고 보고, 또 누군가는 협동조합을 그냥 영리를 추구하는 사업체로 보기도 한다. 그렇지 않다. 협동조합은 이익만 추구하지 않으며, 사회의 평화와 세상의 평화를 추구하고, 경쟁이 아닌 협동의 방식으로 먹고사는 문제를 해결하고자 하는 사람들의 결사체다.

2

협동조합의 정체성*

　이제 본격적으로 협동조합에 대한 무지를 깨는 시간이다. 처음으로 협동조합을 하는 사람이든, 평범한 조합원으로 있다가 대의원이나 이사가 된 사람이든, 그 누구든 협동조합을 하려면 협동의 언어를 알아야 한다. 협동조합의 정체성이 바로 그 협동의 언어다. 열심히 해야지, 잘해야지, 하며 다짐과 결심을 한다고 협동조합이 잘되지 않는 것을 경험해 보았을 것이다. 다짐과 결심은 나 혼자 하는 것이지 협동이 아니기 때문이다.

　협동조합의 정체성을 알아야 하는 중요한 이유가 또 있다. 왜냐하면 2001년에 국제연합(UN)은 이 정체성을 토대로 '사

---

* 이 부분은 저자가 2024년에 발간한 《협동조합의 돈과 민주주의》에서 발췌하고 재구성했음을 밝힌다.

회개발과 협동조합에 대한 결의안 56-114호'를 채택했고, 국제노동기구(ILO)는 2002년에 '권고안 193호'을 마련하여 전세계 100여 개 이상의 나라에 존재하는 협동조합 관련법을 검토하고 개선하는 데 활용했기 때문이다. 이렇듯 협동조합의 정체성은 안으로는 협동조합 조직의 운영, 협동조합 부문의 연대, 협동의 방향성을 제시하고, 밖으로는 협동조합의 본질과 특성을 고려한 법과 제도가 만들어질 수 있는 여건을 조성하는 데 기여하게 되었다.

그러한 만큼 정의와 가치와 원칙으로 구성된 정체성의 내용을 제대로, 정확히 아는 것은 협동조합의 설립과 운영에서 너무나 중요한 일이다. 또한 아직 관련 법과 제도가 마련되어 있지 않은 나라에서 활동하는 협동조합인들은 정확한 이해에 기반하여 법과 제도가 만들어질 수 있도록 노력해야 할 것이다. 이미 법과 제도가 마련되어 있는 나라에서는 그 법이 제대로 되어 있는지 꼼꼼히 살펴서 필요하면 개선하는 활동을 해야 할 것이다.

1) 정의 : 본질(주체), 목적, 방편

"협동조합은 공동으로 소유되고 민주적으로 통제되는 사업체(기업)를 통하여, 공통의 경제, 사회, 문화적 필요와 열망을 충족시키기 위하여, 자발적으로 결속한 사람들의 자율적인 결사체(結社體)이다."

A co-operative is an autonomous association of persons united voluntarily to meet their common economic, social, and cultural needs and aspirations through a jointly-owned and democratically-controlled enterprise.

협동조합은 무엇인가? 사람들의 결사체이다. 그 사람들은 왜 결사하는 것일까? 공통의 경제·사회·문화적 필요와 열망을 충족시키기 위해서이다. 그러면 그 필요와 열망은 어떻게 충족시킬까? 바로 공동으로 소유되고 민주적으로 통제되는 사업체(기업)를 통해서이다. 이렇듯 협동조합의 정의는 본질(주체), 목적, 그리고 방편(方便), 이 세 가지로 구성되어 있다.

(1) 본질(주체)

"협동조합은 자발적으로 결속한 사람들의 자율적인 결사체이다"

협동조합은 결사체이다. 사람들이 공동의 목적을 이룩하기 위해 한 뜻으로 만났기 때문이다. 그 안의 사람들은 서로 무관심한 개인이 아니라 연결된 우리가 된다. 그래서 이 구절은 누가 협동조합의 주체이고 그 본질이 무엇인지 밝혀준다. 협동조합의 본질은 결사체이기에 사람이 주인이고, 결사체에 기반하여 사업(enterprise)이 이루어진다.

협동조합을 결사체로 규정하는 이유는 두 가지다. 하나는 참여하는 한 사람 한 사람의 생각과 의지가 중요하기 때문이다. 그래서 협동조합을 위해 조합원이 있는 것이 아니라 조합원을 위해 협동조합이 있다고 한다. 또 하나는 협동조합은 돈보다는 사람을 더 중요하게 여긴다는 뜻이다. 물론 가입할 때 출자금을 납입해야 한다는 조건이 있지만 그것은 가입의 조건일 뿐이다. 그래서 출자금을 많이 내든 적게 내든 모두가 똑같이 한 표를 행사할 수 있는 권리를 가진다.

결사체의 특징은 '자발적으로' 가입해야 한다는 데 있다. 눈치가 보여서 마지못해 가입해서도 안 되고, 누가 억지로 시켜서 가입해도 안 되고, 내 의지에 따라 자유롭게 선택해야 한다. 내가 선택해야 기꺼이 책임지지 남이 권하거나 시킨다면 따르기가 쉽지 않기 때문이다. 그래서 1원칙에 '자발적이고 개방적인 조합원제도'가 생겼다.

또 하나 주의 깊게 봐야 할 것은 자발적으로 '결속'한다는 부분이다. 내가 내 의지로 선택했다는 데 그치지 않고 그렇게 가입한 사람들이 끈끈하게 결속해야 협동이 이루어진다. 나와 관계없는 사람, 꼴도 보기 싫은 사람과 협동할 수 있을까? 조합원들이 결속하는 관계가 되어야 함께 어려움을 극복하자는 생각을 하게 된다. 그러므로 어떻게 조합원들이 결속하는 관계를 만들 수 있을 것인지 구상하는 것 또한 협동조합의 중요한 활동이자 사업임을 잊지 말아야 할 것이다.

마지막으로 '자율적인 결사체'라는 것은 두 가지 뜻이 담겨 있다. 첫째는 협동조합은 누가 시켜서 만들지 않아야 한다는 뜻이다. 예컨대 정부나 지자체 또는 힘 있는 기관이 이용하거나 실적을 쌓기 위해 협동조합을 만들라고 요구하는 경우가 있다. 이런 상황을 협동조합의 '도구화(instrumentalisation)'라고 한다. 이렇게 되면 조합원들에 의한, 조합원들을 위한 조합원들의 협동조합이 아니라 관제협동조합이나 관변협동조합이 된다. 한국 협동조합의 역사에서 이런 경우를 많이 보았을 것이다.

둘째는 협동조합을 만드는 사람들이 자신들이 지켜야 할 규칙과 원칙을 스스로 만든다는 뜻이다. 대표적으로 정관이 있고, 경우에 따라 운영 규칙이나 조합원들 간의 문화를 만드는 약속과 같은 것이 있다. 내가 만들어야 내가 지키지, 남이 만든 것은 잘 안 지키게 된다. 그래서 자율성은 조합원 자치의 기반이 된다.

(2) 목적

"공통의 경제·사회·문화적 필요와 열망을 충족시키기 위하여"

우선 협동조합은 경제적 목적만이 아니라 사회적이고 문화적인 목적을 가진다는 점에 주목하자. 보통 협동조합을 기업으로만 보면서 경제적인 목적만 강조하는 경향이 있다. 그러나 정의에 나와 있듯이 현실에 존재하는 협동조합을 보면 그목적이 얼마나 다양한지 알 수 있다.

공동육아협동조합을 보면 부모들이 직접 참여하여 다른 방식의 교육을 제공하고자 하는 사회문화적 측면이 강하다. 주택협동조합의 경우 접근가능한 임대료로 주택을 공급하고자하는 필요도 있지만, 근본적으로는 주택이 재산 증식의 수단이 되어 투기의 대상이 되는 사회 현상에 대한 비판이 깔려 있다. 게다가 건물주의 갑질, 이웃 간의 갈등으로 인해 힘겹고 불편한 함께살이 문화를 바꾸자는 것 또한 중요한 목적이다.

최근에는 각 마을 단위에서 기후위기에 대응하기 위한 교육과 체험을 결합한 상점을 운영하는 협동조합이 늘고 있다. 그리고 주민자치와 마을공동체를 위한 출판과 미디어 활동을 개발하는 협동조합도 약진하고 있다.

이런 사례들을 보면 협동조합에서는 경제, 사회, 문화적 측면을 별개로 보지 않고 우리 삶의 다양한 측면을 두루두루 살피는 사업을 기획한다고 할 수 있다. '사회적 배제(social exclusion)'라는 표현이 있듯이 현대의 많은 경제적 문제가 사회적이고 문화적인 요인들로 인해 생기는 경우가 많기 때문이다. 예컨대 여성이라는 이유로, 또는 장애인이기 때문에, 성소수자이기 때문에 차별을 받는다. 그런데 그 사회적 차별은 곧 경제적 차별로 이어진다. 경제적 문제를 해결하기 위해 차별이나 편견 등 사회적이고 문화적인 문제를 다루지 않을 수 없다.

협동조합은 사람들의 결사체이기 때문에 사람에 의해서 생기는 문제가 경제적인 문제만 있는 것이 아니라는 점은 어쩌면 당연한 귀결인지도 모른다. 그래서 품앗이 같은 지역화폐가 협동조합으로 조직될 수 있고, 학교협동조합처럼 공공부문 내에서도 설립될 수 있다. 이처럼 협동조합은 시장 내에만이 아니라 사회 전반에 걸쳐 존재할 수 있다.

그러나 하나의 협동조합이 모든 문제를 다 건드릴 수 없고, 조합원들이 원한다고 다 할 수도 없다. 그래서 조합원들은 '공통의 필요와 열망'을 찾아야 한다. 즉, 조합원들의 필요와 열망의 공통분모를 찾아야 한다는 뜻이다. 너와 나는 다른 사람이지만 백 퍼센트 다른 게 아니라 우리 안에 같은 부분이 있다. 그것을 찾으려면 먼저 나의 생각과 너의 생각을 드러내고 생각의 협동을 하는 과정이 있어야 한다. 그것을 찾는 것이 곧 결사체가 되는 과정이다.

마지막으로 필요와 열망의 뜻과 차이를 살펴보자. 이 문구는 종종 '필요와 욕구'로 번역되는데 이것은 동어반복이며 부정확하다고 할 수 있다. 왜냐하면 영어의 니즈(needs)를 필요 또는 욕구라고 번역하기 때문이다. 우선 필요는 '지금, 현재 처해 있는 사회에서 발생하는 문제로 인한 결핍'으로서 채워야 하는 것이다. 그것의 기준은 인간답게 살기 위해서 최소한 보장되어야 하는 것으로서 객관적인 지표나 수준이 존재한다. 최저임금이나 빈곤선처럼 사회적으로 합의되는 것이기 때문이다. 그래서 필요는 지역과 나라에 따라 다를 수밖에 없다. 필요를 충족시키는 것은 소득, 교육, 의료, 문화 등 각 영역에 걸쳐 지금 사회에 있는 조건에서 발생하는 문제를 해결하는 것이다.

열망(aspirations)은 미래를 향한 것이며 객관적으로 정해진 바가 없지만 간절하게 바라는 것을 말한다. 이것은 사람이기 때문에 계속 고양되고 싶고, 더 나아지고자 하는 숨(호흡)과 같은 것이다. 열망은 계속 진화하는 것이다.

예컨대 로컬푸드협동조합이나 지역의 먹거리협동조합의 경우 소농과 우리 먹거리를 지킬 필요로 시작된다. 그러나 이에 머무르지 않고 토종 씨앗을 지키고, 농(農)문화를 인식하고, 농과 새로운 관계를 맺기 위한 활동을 기획하는 조합원들이 있다. 의료복지사회적협동조합의 경우 우리를 잘 돌보는 우리 의사가 있는 우리 병원을 만드는 필요를 넘어섰다. '환자권리장전'을 마련하고 '건강관'을 정립하면서 환자의 권리를 보호하고 확장하며, 서로 돌보는 건강한 지역사회를 만들고자 하는 사회적인 열망이 자라고 있다.

기본적인 필요로 출발할 수 있지만 거기에 머물지 않는 조직이 협동조합이다. 결사체가 결사체로서 제대로 운영되기 위해서는 기본적인 필요를 충족시키고 경제적으로 안정되어야 한다. 그러나 거기에 머물다 보면 고인 물이 썩듯이 발전하지 않고 그냥 정체되거나 아니면 더 나빠지는 경우를 많이 볼 수 있다. 서로의 관계를 통해 만나서 삶의 문제를 해결해 가는 것이 협동조합인데, 새로이 생겨나는 열망이 제대로 실현되지 않으면 점점 떨어져 나갈 수 있기 때문이다.

그렇다고 해서 협동조합이 백화점식으로 이것저것 다 벌일 수는 없다. 다만 그러한 열망이 있다는 것을 알고, 그것에 대해 이야기하며 '공통의 열망'을 찾아나가는 통로는 있어야 한다. 조합원들의 열망이 응집되면 새로운 서비스가 개발되어 다목적 협동조합으로 발전하기도 한다. 또는 그 안에서 작은 협동조합이 설립되어 조합원들에게 새로운 활동의 장을 제공할 수도 있다.

(3) 방편(수단)

"공동으로 소유되고 민주적으로 통제되는 사업체(기업)를 통하여"

이 구절은 협동조합이 자기 목적을 실현하기 위해 취하는 방편이 사업체라는 것과, 그 사업체의 소유구조(ownership)와 지배구조(governance)를 밝힌다. 어떤 것을 소유한다는 것은 그에 대한 처분권을 행사할 권리를 가진다는 뜻이다. 조합원들이 공동으로 소유하기에 나만이 아니라 다른 조합원들과 똑같이 결정할 권리를 가진다. 지배구조란 누가 의사결정 권한을 가지며 어떻게 행사하는지 정하는 것이다.

우선 소유구조를 보면, 보통 공동소유는 'common ownership'으로 표기하는데 협동조합에서는 'jointly owned'라는 표현을 사용했다는 점에 주목할 필요가 있다. 굳이 이렇게 한 이유는 좀 더 명확하게 각자의 책임감을 강조하기 위함이다. 각자가 동일한 결정권과 책임을 가진다는 것을 강조한 것이다.

가장 쟁점이 되는 부분은 "민주적으로 통제되는"이라는 표현이다. 보통 '민주적으로 운영된다' 혹은 '민주적으로 관리된다' 등 여러 가지 표현을 사용하기도 한다. 하지만 제2원칙에도 있듯이 정확한 의미는 '민주적으로 통제된다'라는 표현이다. 왜냐하면 이 말은 협동조합이 운영하는 사업체의 주인은 조합원이고, 그 사업체의 경영책임자나 노동자는 조합원의 통제를 받아야 한다는 뜻이기 때문이다. 협동조합의 사업체는 결사체가 통제한다는 뜻이다.

이런 측면에서 민주적으로 '운영'된다거나 '관리'된다는 해석은 오해를 불러일으킬 수 있다. 예컨대 모든 조합원이 집단적으로 사업체를 경영해야 하는 것 아닌가 하는 것이다. 민주적 통제를 '집단 경영'으로 착각하는 경우이다. 또한 조합원에 의한 민주적인 통제는 사업체 경영 책임자의 독주를 막거나, 외부 전문가를 영입할 때 그가 임의로 판단하고 결정하지 않아야 한다는 원칙을 제시한다.

그러면 '통제한다'는 의미는 뭘까? 민주주의 제도에서 국민을 대의하는 국회의원은 국민에 대해서 보고(report)의 의무가 있다. 이 보고의 의무는 '내가 당신들이 생각하고 결정한 바를 이러한 방식으로 실현했다'라고 알리는 것이고, 그 결과에 따라서 자기가 책임을 져야 한다는 것이다. 권한의 행사는 의원으로 뽑혔으니 자기 마음대로 하는 것이 아니라 국민의 뜻을 수렴하고, 자신의 능력을 발휘해서 판단하고, 그에 따라 실행하고 나서 반드시 그 결과를 보고하고, 그 보고에 대한 평가를 받고, 평가에 따른 책임을 지는 일련의 과정이다. 그러한 메커니즘이 작동할 때 민주적 통제가 이루어진다고 할 수 있다.

협동조합의 경우 민주적인 통제는 대표적으로 조합원 총회에서 이루어지고, 일상적으로는 이사회가 조합원을 대리하여 그 역할을 수행한다. 이사회에서 많은 부분을 논의하고 결정하는 만큼 이사회는 협동조합 운영의 핵심이라고 할 수 있다. 그래서 이사회를 조합원과 소통하는 통로이자 조합과 조합원을 연결하는 매개체라고 생각해야 한다. 이 때문에 민주적 통제의 기반이 되는 '보고'를 이사회의 가장 중요한 책무로 여겨야 한다.

2) 가치 : 조직의 가치, 조합원의 가치

"협동조합은 자조(상부상조), 자기책임, 민주주의, 평등, 공정함과 연대의 가치에 기반한다. 창건자들의 전통을 계승하여 협동조합의 멤버들은 정직, 개방성(투명성), 사회적 책임 및 타인에 대한 보살핌(이타심, 측은지심)이라는 윤리적 가치를 믿는다."

Co-operatives are based on the values of self-help, self-responsibility, democracy, equality, equity and solidarity. In the tradition of their founders, co-operative members believe in the ethical values of honesty, openness, social responsibility and caring for others.

협동조합의 가치는 협동조합의 선구자들이 만든 협동조합의 경험과 실천에서 조합원들이 공통의 정체성으로 삼았던 정신이다. 그래서 협동조합의 가치는 사회적인 존재로서 협동조합과 협동조합인이 사회와 어떤 관계를 맺을 것인가에 대한 큰 방향을 제시해준다. 협동조합이라는 조직과 그 안의 사람들이 같이 새겨야 할 덕목이라고 할 수 있다.

가치는 크게 두 부분으로 이루어져 있는데, 첫 문장은 협동조합이라는 조직이 어떻게 사회에 위치할 것인가를, 두 번째 문장은 협동조합인이 어떤 태도와 자세로 임해야 하는가를 각각 다룬다.

(1) 조직의 가치

자조와 자기책임은 독일의 라이파이젠 신용협동조합에서 온 것이다. 공정함과 연대는 특히 영국의 로버트 오언과 로치데일 공정개척자회의 정신이다. 그리고 민주주의와 평등은 결사체로서 모든 협동조합이 공통으로 가졌던 조직의 특성이다.

자조는 조직이 스스로 돕는다는 것으로, 협동조합의 구성원들이 서로 도와 협동해야 한다는 것을 뜻한다. 그래야 남에게 의존하지 않고 목적한 바를 이루며 사회적으로 자기책임을 다할 수 있다. 출자금을 조성하거나 증자를 하는 것, 민주적으로 통제하는 것 등이 다 자조를 위한 원칙이다. 또한 모두가 동일한 권한을 가지고 평등하게 의사결정을 하며, 공정하게 자본 조성에 기여하고, 협동조합 간의 협동이라는 연대를 실현한다는 원칙과 연결되어 있다.

협동조합은 특히 자기책임을 강조한다. 이것은 '청산 및 해산에 관한 조항'에서 여실히 드러난다. 일반기업과는 달리 협동조합의 경우 부도나 파산의 위기에 처했을 때도 공적 자금을 받지 않고 스스로 해결하고 빚을 청산한다. 또한 해산 후 적립금이 남을 경우 사회로 되돌려준다. 그 대상은 제도에 따라 다를 수 있는데 다른 협동조합이나 공익 목적을 가지는 조직에 기부하는 것이 일반적이며, 어떤 나라의 경우 지자체에 기부할 수도 있도록 해두었다. 그러므로 밖으로 자기책임을 다하기 위해 안에서는 서로 도와야 한다고 한 것이다.

(2) 조합원의 가치

협동조합인들에 대한 덕목에 앞서 우선 "창건자들의 전통을 계승하여"에 주목할 필요가 있다. 굳이 이 부분을 덧붙인 까닭은 협동조합이 사람들의 결사체이므로 변질될 수 있기 때문이다. 구성원들이 애초의 목적을 잊거나 간과하고 결정할 가능성이 있다는 것이다.

특히 많은 세월이 흐른 후 조직이 발전하고 확대되어 새로 들어온 후세대 조합원들은 그 역사와 전통에 대해 잘 몰라서 이해를 달리하는 경우도 생긴다. 협동조합은 시대에 따라서 새롭게 만들어질 수도 있고 다르게 진화할 수도 있지만 기본적으로는 창건자들이 무슨 생각을 가지고 만들었는지 알 필요가 있다. 그렇지 않을 경우 초기 설립자들과 후세대 간 이해를 달리하여 갈등을 일으키는 경우를 종종 볼 수 있다.

협동조합인들의 가치에서 강조하는 것은 구성원들이 자기들만의 폐쇄적인 집단이 되지 않도록 열린 태도를 가지도록 하는 것이다. 우선 '개방성'의 의미를 살펴보면 그것은 운영의 투명성을 뜻한다. 협동조합이 조합원들의 조직이다 보니 폐쇄적인 경향을 보이기도 한다. 그래서 열린 조직이 되기 위해서는 투명하게 드러내 보여야 한다.

또한 개방성은 5번째 원칙 '교육, 훈련, 정보제공'에서 정보제공과 연결되어 있다. 협동조합인들은 지역사회에 협동조합의 특성, 협동조합이 제공하는 재화와 서비스의 장점을 알릴 때 우호적인 환경을 조성하고 새로운 조합원을 맞이할 수 있다. 그래서 개방성은 특히 조합원들의 역할과 연결된 부분이다.

한 가지 특이한 점은 조직의 가치에는 '자기책임'이라고 되어 있는데 구성원들을 위한 가치에는 '사회적 책임'이라고 되어 있다. 이는 협동조합이 조합원들의 조직이므로 (지역)사회와 분리되어 조합원들만의 필요와 열망을 배타적으로 실현할 가능성이 있기 때문이다. 유럽의 경우 1973년에 발생한 오일쇼크 이후 사회적 배제 문제가 만연했을 때 다수의 오래된 협동조합조직이 사회적 문제와는 무관하게 자신들만의 사업을 영위하여 비판을 받기도 했다.

특히 '타인에 대한 보살핌'은 협동의 바탕이 되는 타인에 대한 고려와 보살피는 마음이다. 이는 내가 남과 다르지 않다는 생각에 기반하는데, 연민이나 측은지심(惻隱之心) 혹은 유교의 인(仁)과 다르지 않다. 협동은 나의 필요와 열망을 버리지 않되 늘 내 옆의 사람과 지역 사람들을 함께 보살피는 생활태도에서 비롯된다.

어떻게 보면 협동조합을 하면서도 '나' 중심, 내 욕구와 내 열망 중심으로 생각을 할 수 있다. 그래서 조합원의 가치에는 사회적 책임, 개방성, 정직, 보살핌 등 자기를 벗어나기 위해 노력하라는 뜻이 담겨있다고 해석할 수 있을 것이다. 나 혹은 조직 안에만 매몰되지 않고 사회적인 사람으로 살아갈 수 있도록 중심을 세워주고 있다.

3) 원칙 : 협동조합의 레시피

ICA는 2015년에 《협동조합 원칙 안내서》*(이하 ICA 안내서)를 발간했다. 발간사에서 ICA 회장 또한 원칙의 정확한 해석이 중요하기에 상세한 안내서가 필요했다고 그 목적을 밝혔다. 그래서 짧게 표현된 각 원칙의 의미를 해석하고, 그 원칙이 수립된 배경을 설명한 후 단어 하나하나 문장 하나하나를 정확히 해석하고 설명하고, 마지막으로는 향후 고려할 요소에 대해 언급하며 마무리하고 있다.

협동조합의 7원칙은 협동조합의 레시피라고 할 수 있다. 음식은 손맛이고 정성이라고 하지만 칼자루만 쥐면 덜덜 떨리는 사람에게 손맛은 사치다. 하지만 그런 사람도 레시피를 따라 하면 어느 정도 먹을 만한 요리를 선보일 수 있다.

필자는 2024년 초에 《협동조합의 돈과 민주주의》**를 발간하여 협동조합 원칙이 왜 중요한지, 어떻게 만들어졌는지, 또 원칙의 정확한 의미가 무엇인지 상세하게 해석하고 설명했다. 한국의 많은 협동조합이 어려움을 겪고 있었는데, 그 원인을 살펴보니 협동조합의 원칙을 모르거나, 대충 알아서 제대로

---

* 원제는 Guidance notes to the cooperative principles. https://www.ica.coop/en/media/library/research-and-reviews/guidance-notes-cooperative-principles.
** 김신양(2024), 한티재.

적용하지 않기 때문이었다. 잘 모르니까 일반기업의 경영 방식을 도입해서 파행을 겪는 경우도 꽤 있었다.

이렇게 된 까닭을 조사해보니 2012년에 도입된 '협동조합기본법'은 협동조합의 전통에 어긋난 조항이 많았고, 그것들이 협동조합의 운영을 어렵게 만드는 요인으로 작용했다. 대표적으로 ①가입 출자금을 환급해야 한다는 조항, ②가입 출자금에 대해 배당을 허용한다는 조항, ③조합원의 책임은 출자금액에 한정된다는 조항, ④사회적협동조합을 비영리로 규정하다 보니 일반협동조합을 영리기업으로 간주하는 제도 등이다. 이 모든 조항과 제도는 ICA 안내서와 충돌한다. 한국의 협동조합기본법은 협동조합을 '자본조성이 어려운 영리기업'으로 만들어버린 셈이다. 게다가 평조합원과 임원의 책임이 평등하지 않고, 자본 기여가 적은 사람은 책임이 작고 많은 사람은 책임이 커지는 불공정한 구조가 되었다.

그러므로 협동조합을 하는 사람들은 법과 제도에만 의지하지 않고 공인된 ICA의 안내서에 의거해야 할 것이다. 왜냐하면 ICA 안내서를 따르면 훨씬 더 안정적이고 공정한 협동조합을 운영할 수 있기 때문이다. 그것이 망하지 않고 지속가능한 협동조합을 만드는 비결이다. 그러니 ICA 안내서에 따라 7가지 원칙이 무엇이고, 그 원칙은 어떤 내용으로 구성되어 있으며, 각 문장은 어떻게 적용해야 하는지 3단계를 충실히 학습하기 바란다.

여기서는 지면상 7원칙과 원칙의 해석을 소개하는 데 그친다.(7원칙 전문의 상세한 설명과 원칙에 따라 조직을 진단하는 방법은 《협동조합의 돈과 민주주의》를 참고하기 바란다.) 하지만 3장에서 핵심이 되는 2원칙과 3원칙에 따라 조합원과 주인노릇, 경제적 참여와 민주적 통제를 실현하는 방안을 상세히 안내할 것이다. 현행법과 다르거나 ICA 안내서 한국어 번역본의 오역을 수정한 부분에 주의를 기울이도록 강조해두었다.

1원칙 : 자발적이고 개방적인 조합원제도

Voluntary and Open Membership

협동조합들은 자발적인 조직으로서, 성적, 사회적, 인종적, 정치적 또는 종교적 차별을 하지 않고, 조합의 서비스를 이용할 수 있고 조합원으로서 책임을 받아들일 의사가 있는 모든 사람에게 개방되어 있다.

2원칙 : 조합원에 의한 민주적 통제

Democratic Member Control

협동조합은 조합원에 의해 통제되는 민주적인 조직으로서, 조합원은 정책 수립과 의사결정에 적극적으로 참여한다. 선출된 남성과 여성 대표자들은 조합원에 대한 **책무**를 가진다. 1차(단위)협동조합의 조합원은 동등한 투표권(1인 1표)을 가지며, 다른 단계의 협동조합도 민주적인 방식으로 조직된다.

3원칙 : 조합원의 경제적 참여
Member Economic Participation

조합원들은 그들 협동조합의 자본에 공정하게 기여하고, 자본을 민주적으로 통제한다. 최소한 그 자본의 일부는 통상 협동조합의 **공동재산**이 된다. 조합원들은 조합원 자격을 얻기 위한 조건으로 출자한 자본에 대하여 **보상**을 받을 경우에도 통상 제한적인 **보상**만 받는다. 조합원들은 다음과 같은 목적의 일부 또는 전체에 잉여를 할당한다.
① 협동조합의 발전 : 적립금 조성으로 가능하며, 이 중 최소한 일부는 나눌 수 없는(불분할) 적립금
② 협동조합과의 거래에 비례하여 조합원들에게 **편익 제공**
③ 조합원들이 승인한 기타 활동의 지원

4원칙 : 자율과 독립
Autonomy and Independence

협동조합들은 조합원들이 통제하는 자율적인 자조조직이다. 협동조합들이 정부를 포함한 다른 조직들과 협약을 체결하거나 외부의 자원을 통해 자본을 조달하는 경우, 조합원들에 의한 민주적 통제가 보장되고 협동조합의 자율성을 유지할 수 있는 조건에 의거하여 이루어져야 한다.

5원칙 : 교육, 훈련, 정보 제공
Education, Training and Information

협동조합들은 조합원, 선출직 대표, 관리자(경영책임자) 및 피고용인이 그들 협동조합의 발전에 효과적으로 기여할 수 있도록 교육과 훈련을 제공한다. 협동조합들은 일반 대중, 특히 청년과 여론주도층을 대상으로 협동조합의 본질과 편익에 대한 정보를 제공한다.

6원칙 : 협동조합 간 협동

Co-operation among Co-operatives

협동조합들은 지역, 국가(전국), 대륙, 국제적 기구를 통해 함께 일함으로써 가장 효과적으로 조합원들에게 봉사하고 협동조합운동을 강화한다.

7원칙 : 지역사회(공동체)에 대한 고려(참여의식)

Concern for Community

협동조합들은 조합원들이 승인한 정책을 통해 그들 지역사회의 지속가능한 발전을 위하여 일한다.

3

협동조합의 양 날개
결사체와 사업체

협동조합의 정의에 나와 있는 결사체(association)와 사업체(기업, enterprise)는 '결사체이자 사업체'라는 표현으로 사용되어 종종 혼란을 일으킨다. 혹자는 이것을 '경제적 목적과 사회적 목적을 동시에 가진다'라고 해석하고, '결사체는 운동하고 사업체는 돈을 번다'로 구분하기도 한다.

어쨌든 협동조합을 결사체이자 사업체라는 이중구조로 보고, 사회적 목적과 경제적 목적을 동시에 추구한다는 식으로 해석하는 것이다. 그래서 사업도 하고 운동도 하며 '두 마리 토끼'를 잡아야 하는 어려운 조직으로 인식한다. 하지만 실상은 두 마리 토끼를 쫓다가 한 마리도 제대로 못 잡는다거나 그 와중에 가랑이만 찢어진다는 한숨 섞인 탄식이 들린다. 이런 인식이 어떤 오류와 갈등을 초래하는지 살펴보자.

우선 결사체이자 사업체라는 정체성을 동시에 가진다고 하지만 이분법적으로 사고할 때 벌어지는 문제가 있다. 누구는 사업을 더 강조하여 사람들의 관계성을 소홀히 하는 경우가 있고, 누구는 결사체이기 때문에 적자가 나도 별로 문제 삼지 않기도 한다. 또한 경제적 목적과 사회적 목적을 동시에 추구한다고 하지만 이를 '경제적으로 안정되어야 사회적 목적도 실현할 수 있다'라고 해석한다. 그 결과 경제적 목적이 우선되고 사회적 목적은 뒤로 밀려나는 상황도 발생한다.

결국 협동조합을 결사체와 사업체, 경제적 목적과 사회적 목적으로 구분하여 보는 이분법적 사고는 전체를 통합적으로 사고하기 어렵게 만들 수 있다. 또한 현실에서는 두 가지를 두고 중요성에 따라 선후를 따지며 대립이나 갈등을 일으키기도 한다.

그러면 정의에 나오는 결사체와 사업체라는 말은 무슨 뜻일까? 그리고 그 둘의 관계를 어떻게 이해하면 좋을까? 이 질문에 대한 답을 찾으려면 협동조합의 정의가 어디에서 비롯되었는지 알아야 할 것이다.

1) 결사체로서의 협동조합과 기업으로서의 협동조합

협동조합의 정의는 1920년에서 1932년까지 국제노동기구인 ILO에서 초대 협동조합 국장을 지낸 죠르쥬 포께(Georges Fauquet)의 작업을 반영하여 작성되었다*. 포께는 의사이자 근로감독관으로서 협동조합을 지원하면서 열렬한 협동조합운동가가 되었고 협동조합운동의 발전에도 기여했다. 그는 자신의 경험과 연구를 토대로 1935년에 《협동조합 섹터》**라는 책을 발간하여 처음으로 결사체로서의 협동조합과 기업으로서의 협동조합의 성격을 규명했다.

포께에 따르면 경제는 하나의 형태가 아니라 가정이나 공동체 경제, 자본주의 경제, 협동조합 경제와 같이 복합적인 형태를 형성하고 있으며, 이러한 복합경제의 한 부분으로 협동조합 경제가 존재하고 발전할 수 있다고 보았다. 그래서 협동조합은 전체 경제에서 협동조합 부문으로 존재하는데, 다른 경제 조직과는 달리 협동조합은 협동조합 결사체(cooperative association)와 협동조합 기업(cooperative enterprise)의 성격을 동시에 가진다고 했다.

그러면 협동조합 결사체에서 가장 중요한 것은 무엇일까? 그는 민주주의라고 했다. 즉, 모든 사람은 평등하고 동일한 책임과 권리를 가진다. 그러면 협동조합 기업의 핵심은 무엇일

---

* 김신양(2021), 《처음 만나는 협동조합의 역사》, 착한책가게, p. 258.

** 《Le secteur cooperatif》(1935), Les Propagateurs de la Coopération, Bruxelles. 이 책의 부제는 '협동조합 제도에서 사람의 자리, 경제에서 협동조합의 자리'다.

까? 그는 "협동조합 기업은 공급이든 유통이든 일자리든 필요를 충족시키기 위해 설립되었기에 가장 중요한 것은 서비스다."라고 했다. 따라서 "서비스 질을 높이고, 비용을 낮추며, 각 조합원이 협동조합과 거래한 양에 비례하여 잉여를 분배해야 한다"고 했다.

포께의 설명에 따라 협동조합을 규명해보면 협동조합에서 가장 중요한 것은 민주주의와 서비스가 된다. 즉, 민주주의의 원리에 의거하여 운영되기에 결사체이며, 구성원들에게 서비스를 제공하는 것이 협동조합의 기업활동인 것이다. 여기서 우리가 분명히 이해해야 하는 것은 협동조합이 기업활동을 하는 궁극적인 목적은 조합원에게 서비스를 제공하기 위함이라는 사실이다. 그래서 협동조합은 자본수익을 추구하지 않고 '상호적인 이익(mutual interest)'을 추구하는 비영리조직으로 간주한다.

최근 들어 사회적협동조합 유형의 협동조합이 등장하면서 협동조합 또한 공익성을 추구할 수 있게 되었다. 그러나 사회적협동조합은 오로지 공익성만 추구하는 것이 아니라 조합원을 위한 상호성도 추구하면서 지역사회를 위한 공익성도 추구하는 조직으로 이해해야 한다. 하지만 사회적협동조합이 등장하기 전까지 협동조합은 조합원에게 편익을 제공하는 것이 목적인 조직이었다. 그래서 조합원에게 편익을 제공하는 것, 즉 서비스 제공이 기업으로서 협동조합의 속성인 것이다.

2) 한쪽 날개로는 날 수 없다

포께는 왜 굳이 협동조합 결사체와 협동조합 기업이라는 성격을 가진다고 구분했을까?

그 까닭은 협동조합을 기업으로만 인식하면 협동조합의 특성이 드러나지 않고 그 장점을 살릴 수 없기 때문이다. 포께는 협동조합이 조합원들의 적극적인 참여로 이루어지는 조직이기에 그것을 보장할 수 있는 민주주의를 강조하고자 했다. 그런데 후에 정의에서는 그 부분이 빠지고 2원칙 '조합원에 의한 민주적인 통제'와 3원칙 '조합원의 경제적 참여'에서 "조합원들은 자본을 민주적으로 통제한다"는 문구로 포함되었다.

이러한 포께의 구분은 비단 협동조합 운영의 특성을 제대로 파악하는 데 도움이 될 뿐 아니라 협동조합 연구에도 시사점을 준다. 왜냐하면 경제학에서 기업이론으로만 협동조합을 분석하는 것은 한계가 있다는 근거를 제공하기 때문이다. 기업이론으로만 분석하면 자본 수익성이나 효율성의 잣대로만 협동조합을 판단하기에 결사체로서의 협동조합 특성을 반영할 수 없다. 그래서 기존의 경제학 연구에서 협동조합이 비용 면에서 비효율적이라는 결론이 나오기도 한다.

앞서 정의에서 설명했듯이 협동조합의 본질은 결사체이고 사업체는 목적을 충족시키기 위한 방편으로 구분된다. 즉, 협동조합의 사업은 결사체에 기반하고, 결사체는 사업을 영위하는 데 바탕이 된다. 사업 이전에 우선 '공동의 목적'을 가진 사람들이 모여야 하고 그들의 관계방식이 존재한다. 협동조합의 사업은 결사한 조합원에 의해 유지되고 확대되고 강화된다는 뜻이다.

예컨대 기본법 도입 이후 많은 협동조합이 설립되었지만 실제 운영되는 경우는 절반에도 미치지 못한다는 연구 결과가 나왔다. '다섯 명만 모이면 만들 수 있다'라는 홍보 문구를 보고 표준정관을 작성하여 행정상으로 설립된 조직은 정작 개점 후 휴업 상태가 되어버린다. 조합원이 정책 수립과 의사결정에 참여하며 생각의 협동을 하지 않고, 운영을 위해 노동을 협동하지 않는다면 출자금이 있어도 움직이지 않는 '페이퍼 컴퍼니(paper company)'가 될 뿐이다.

또한 협동조합은 사람들의 결사체이므로 그 결사체의 관계가 느슨해지거나 서로 소원해지면 해체될 수 있다는 점도 기억해야 할 것이다. 사업이 잘 안되는 경우 조합원들의 관계가 단단히 연결되어 있는지 점검할 필요가 있다. 사업이 잘되는 시기에도 조합원의 관계가 느슨해지면 사업의 위험 신호로 인식해야 할 것이다. 반대로 사업이 잘되지 않아도 조합원들 간

끈끈한 유대를 유지하고 있다면 버티는 힘과 극복할 지혜를 찾을 가능성이 많다는 것 또한 협동조합의 역사가 보여주는 교훈이다.

그러므로 결사체와 사업체에 대한 혼란을 극복하고 제대로 된 관점을 정립해보자. 협동조합은 조합원 공통의 필요와 열망을 충족시키기 위하여 서비스를 제공하는 기업 활동을 한다. 그 기업은 조합원의 적극적인 참여로 이루어져야 하므로 모든 이의 참여를 보장하는 민주주의의 운영 원리가 필요하다. 그래서 참여하는 사람이 주인노릇을 하는 결사체로 조직된다. 협동조합은 결사체에 기반한 사업체를 운영하는 양 날개를 가진 조직이다. 한쪽 날개로만 날 수 없는 새의 이름이 협동조합이다.

3장

협동조합의
주인과
주인노릇

인간의 삶은 언제나 사회적이다.
그런 까닭에 우리가 자기 삶의 주인이 되기 위해서는
반드시 우리가 속한 사회의 주인이 되지 않으면 안 된다.
- 김상봉, 《서로 주체성의 이념》, 136쪽

* * *

협동은 나와 나 아닌 사람과의 관계의 한 형태이다. 인간사 많은 만남으로 이루어지는 관계 중 협동은 쉬울 수도 있고 어려울 수도 있다. 내가 잘 알고 친한 사람과는 협동하기 쉽고, 잘 모르고 마음에 안 드는 사람과는 협동하기 어렵다. 하지만 꼭 친밀감이 협동의 조건이 되지는 않는다. 친한 친구끼리도 동업했다가 틀어지는 일이 종종 발생한다. 서로 잘 맞을 것이라고 지레짐작하고서는 구체적으로 어떻게 협동할 것인지 약속하지 않기 때문이다.

반면, 서로 아옹다옹하는 사이라도 혼자서는 원하는 것을 얻을 수 없을 때는 손을 내밀 수밖에 없다. 예컨대 둘이 정말 배가 고파 천 원짜리 찐빵을 사 먹고 싶은데 각자 가진 게 오백 원뿐이라면 어떻게 할까? 자본의 협동으로 천 원짜리를 사서 나눠 먹는 게 서로 이익이다.

이것은 가상의 일이 아니다. 실제 이런 일이 필리핀의 분쟁지역 민다나오에서 벌어졌다*. 그곳은 카톨릭계 주민들과 원주민들과 이슬람계 주민들이 서로 반목하여 죽고 죽이기까지 하는 불안한 동거를 하고 있었다. 그런데 국제구호기구(JTS)가

---

* 이 이야기는 2024년에 출판된 《헬로 민다나오》(이원주 글)를 참고하기 바란다.

아이들을 위한 학교를 짓자고 하니 마을 주민들은 인종과 출신을 따지지 않고 협력했다. 아이를 위한 공통의 필요와 열망이 묵은 갈등과 반목을 이긴 것이다.

필자는 이 경이로운 사례를 접하면서 ICA 설립자들의 이상이 구현되는 것을 보았다. 사회 평화와 세상의 평화를 위해 협동조합운동을 펼치고자 했던 그들의 바람은 헛된 꿈이 아니었다. 평화로 가는 길은 무기가 아니라 협동으로 만들어진다. 그러기 위해서는 공통의 필요와 열망을 확인해야 하고, 아무도 대신 해주지 않기에 직접 나서야 학교를 만들 수 있다는 사실을 자각해야 한다. 그리고 구체적인 협동의 방식이 합의되어야 한다.

이렇듯 협동은 단지 좋은 뜻만으로는 이루어지지 않는다. 구체적으로 원하는 것이 있어야 하고, 혼자 힘으로는 얻을 수 없는 것인데 협동하면 분명히 얻을 수 있다는 확신이 들어야 한다. 그럴 때 사람들은 내 돈과 시간이 들어가는 것을 따지지 않고 움직인다.

이런 경험에 비추어 볼 때 협동조합은 막연히 좋은 일을 하자는 제안이 아님을 알 수 있다. 아주 현실적이고 구체적인 목표를 가지고 그것을 얻기 위해 약속을 하는 일이다. 그러려면 우선 나의 것을 내어놓아야 한다. 나만이 아니라 함께 내어놓자고 약속하고, 그 결과로 얻을 과실을 함께 누리자는 원칙을 마련하는 일이다. 그 과정에서 큰 일이든 작은 일이든 나는 생각하고 판단하고 결정하는 주인이 되어야 한다.

협동조합에서는 협동이 곧 주인노릇이다. 그러니 주인노릇을 제대로 하려면 무엇을 어떻게 협동하는지 알아야 할 것이다. 이 장에서는 협동조합의 원칙에 의거하여 조합원이 주인노릇하는 협동조합을 만들고 운영하기 위해 알아야 할 것들을 살펴보자.

1

협동조합의 주인

　협동조합의 주인은 조합원이며, 조합원은 협동조합 제1원칙에 있듯이 조합원제도에 의거하여 가입할 수 있다. 조합원이 되고자 하는 사람은 그 협동조합의 목적에 동의하고, 조합원으로서 책임을 받아들일 의사가 있다는 것을 밝히고 가입출자금을 납입하면 된다. 그래서 조합원 가입 절차는 가입서 작성과 출자금 납입으로 요약된다.

　노동자협동조합과 같이 임금노동자가 조합원이 되는 특별한 유형이 아니면 대부분 협동조합의 가입 절차는 동일하다. 속전속결로 이루어지고, 때로는 비대면으로 인터넷 가입도 가능하다. 가입서 작성 즉시, 또는 출자금 입금 즉시 조합원 자격이 주어진다.

　그러면 이렇게 가입한 사람은 과연 자신이 가입한 협동조합의 주인이라고 여길까? 그리고 주인으로서 자신이 무엇을 해야 하는지 알고 있을까? 불행하게도 그렇지 않다. 왜냐하면 사람들은 자신이 이용하거나 구매할 목적으로 가입하지, 주인이 되려고 가입하는 경우는 거의 없기 때문이다. 조합원은 자신을 위해 가입하는데, 협동조합은 그를 주인이라 하며 주인노릇하기를 바란다. 동상이몽이다.

협동조합의 비극은 여기서 시작된다. 가입하면 주인이라는 착각, 출자가 주인을 만든다는 착각이다. 가입서를 쓰고 출자금을 납입하는 것은 가입의 조건이지 주인노릇의 조건은 아니다. 그런데 대부분의 협동조합이 가입한 조합원이 자신을 주인으로 인식하고 주인노릇을 하도록 안내하고 운영하는 기획이 거의 없다. 일부는 신입조합원 환영식을 통해 기본적인 내용을 안내하지만 그 또한 참여를 의무로 두지 않는다.

협동조합의 고질적인 병폐는 주인노릇을 하지 않는 조합원으로 인해 빚어진다. 가입한 후 이용을 안 하니 적자가 발생한다. 정책 수립과 의사결정에 참여하지 않으니 실무자나 임원들이 대신하느라 일이 많아진다. 그래서 수익은 적은데 운영비용은 증가한다. 설상가상으로 임직원의 피로도는 높아져 실무자는 이탈하고 차기 임원 선출은 난관에 봉착한다.

보통 경제이론에서는 협동조합이 다수의 의사결정 구조로 인해 거래비용이 증가하여 비효율적이라고 평가한다. 이러한 평가는 현실을 모르는 연구자의 기계적인 추론일 뿐이다. 현실에서는 오히려 조합원의 무관심과 참여 부족으로 인하여 의사결정이 되지 않고, 인력은 부족한데 운영비용은 증가하는 악순환이 더 큰 문제다. 이 악순환을 끊고 주인을 바로 세우는 일이 협동조합 최대의 과제다.

1) 조합원은 누구인가?

협동조합의 정의에 따르면 조합원은 ①공통의 경제, 사회, 문화적 필요와 열망을 충족시키고자 하는 목적을 가지며, ②이를 위하여 자발적으로 결속하여 자율적으로 운영되는 결사체를 만드는 주체이며, ③자신들의 목적을 실현하기 위해 만든 사업체를 공동으로 소유하고 민주적으로 통제하는 사람이다. 즉 조합원은 결사체의 주체이자 사업체의 소유자이다. 그러므로 조합원은 결사체를 민주적으로 운영하고 조합원에게 서비스를 제공하기 위한 사업체의 경영을 책임지는 사람이다. 이것이 조합원의 정체성이다. 조합원 규모가 큰 경우 모든 조합원이 다 참여하기는 어려워 대의원제도를 두고 대의원이 대리하기도 한다.

그런데 여기서 한 가지 주의해야 할 점이 있다. 주인으로서 조합원은 사업체의 경영자이지만 동시에 그 사업체가 제공하는 서비스의 이용자 또는 수혜자이기도 하다. 그래서 협동조합의 조합원은 서비스 제공자이자 이용자라는 '이중 자격'을 가진다. 협동조합 조합원이 일반영리기업의 주인과 확연히 구별되는 지점이다.

이중 자격이라고 하니 복잡하고 까다로운 것 같아 보이지만 알고 보면 원리는 단순하다. 내가 필요한 것을 내 돈 주고 남에게 사는 게 아니라 다른 조합원들과 내가 함께 만들어서 쓴다는 뜻이다. 그것이 물건이든 돌봄이든 아울러서 서비스라고 부른다. 협동조합 사업체의 장점은 여기에 있다. 내가 쓸 것을 내가 만드니 경영이 투명하다. 당연히 손해 보거나 속을 위험이 없다. 오히려 적극적으로 참여할수록 더 좋은 서비스를 만들어서 만족도가 높아진다.

최근 온라인 거래와 관련하여 생산자와 소비자가 막대한 피해를 입고도 구제받지 못하는 사례를 보면 참여 경영이 얼마나 안전한 거래를 보장하는지 알 수 있을 것이다. 기가 찰 일이지만 최근 몇 년간 전세 사기로 피해를 입은 사례 등 이런 일들은 아직까지 끊임없이 반복되고 있다. 협동조합은 이런 문제를 사전에 방지하기 위해 조합원이 통제하는 구조를 만든 것이다. 그러니 나의 참여는 귀찮은 일이 아니라 안심하고 거래할 수 있는 믿을만한 사업체를 만드는 일이라고 여겨야 할 것이다.

결국 협동조합은 '잘 해도 내 탓, 못해도 내 탓'인 사업체다. 그래서 조직의 가치에 '자기책임'이 들어 있다. 이런 원리를 안다면 조합원이 조합의 임직원을 상대로 불평불만만 제기하는 일은 줄어들 것이다. 자기가 주인임을 자각한다면 문제를 제기하되 해결책을 마련하는 것 또한 자신의 책임에 속한다는 것을 알 것이기 때문이다. 그러니 조합원이 자신의 정체성을 인식하는 것이 얼마나 중요한 일인지 고개가 절로 끄덕여질 것이다.

그렇다면 구체적으로 조합원은 무엇을 하는 사람인가? 이것은 협동조합 2원칙과 3원칙에 명시되어 있다. 우선 2원칙 '조합원에 의한 민주적 통제'를 보면 "조합원은 정책 수립과 의사결정에 적극적으로 참여한다."라고 되어 있다. 그리고 3원칙 '조합원의 경제적 참여'에는 "조합원들은 그들 협동조합의 자본에 공정하게 기여하고, 자본을 민주적으로 통제한다."라고 되어 있다.

앞서 출자금이 주인을 만든다는 것은 착각이고, 가입하면 바로 주인노릇을 할 것이라는 기대를 버려야 한다고 했다. 가입은 주인이 되는 자격을 얻는 절차이고 주인노릇은 조합원이 운영의 주체이자 사업의 경영자로서 역할을 하는 실천이다. 그러니까 가입은 협동조합의 문턱을 넘는 과정이지만 주인노릇은 협동조합이라는 집의 살림살이를 책임지는 활동이다. 이 둘을 분명히 구분하여 협동조합의 운영구조를 설계해야 한다.

2) 조합원을 맞이하고
   그의 자리를 찾아주는 '조합원제도'

이제 주인노릇의 중요성을 알았으니 조합원제도에 대한 고정관념을 깰 차례다.

첫째, 조합원이 많으면 많을수록 좋고, 그러려면 쉽게 가입할 수 있도록 문턱을 낮춰야 한다는 생각이다. 이것은 제1원칙 '자발적이고 개방적인 조합원제도'를 너무 평면적으로 이해한 것이다. 오히려 1원칙은 사람의 조건을 보고 차별하지는 말되 서비스를 이용할 사람인지, 조합원으로서 책임과 의무를 행할 사람인지 확인하라는 제도다. 조합원제도를 제대로 운영해야 협동조합의 첫 단추를 제대로 끼울 수 있다.

특히 로컬푸드협동조합을 비롯하여 의료복지사회적협동조합, 소비자생활협동조합, 신용협동조합 등은 조합원이 이용을 목적으로 가입한다. 이런 까닭에 조합원이 많으면 많을수록 매출이 증가할 것으로 생각한다. 게다가 조합원이 많아야 출자금도 많이 모이니 빨리 설립할 수 있고 자금난을 덜 겪을 것이라고 생각한다. 그러나 가입한다고 다 이용하지 않는다는 것이 이미 확인되었으며, 사람이 많으면 그만큼 관리비용도 늘어난다. 따라서 조합원제도를 형식적으로 운영하면 나중에 그에 따른 대가를 치르게 된다는 점을 꼭 기억하자.

둘째, 조합원제도를 단순히 가입 절차로만 여긴다는 것이다. 그래서 간단한 요식행위로 끝나는 경우가 많다. 특히 장보러 매장에 오는 사람들을 대상으로 하는 로컬푸드협동조합이나 생활협동조합의 경우 물건값을 계산할 때 조합원가격을 비롯한 조합원의 혜택을 들어서 가입을 권유하곤 한다. 이렇게 되면 조합원 가입 권유라는 것이 일반 가게에서 하는 호객행위와 별로 다를 바 없어진다. 조합원을 '손님'으로만 여겨서 계속 오게 만들려고 설득하는 일이 되어버리기 때문이다.

그러나 조합원제도는 이보다 훨씬 더 많은 것을 담는 운영체계를 말한다. 조합원을 맞이하고, 협동조합에서 조합원의 자리를 찾아주고, 다른 조합원이나 직원과 관계를 맺는 방식 등 일련의 과정을 아우른다. 그래서 조합원제도는 조합원의 가입, 조합원의 관계, 조합원의 활동 등을 겸한 '조합원살이'의 관점으로 보는 것이 좋겠다. 조합원살이로서 조합원제도를 이해한다면 다음과 같이 다가가는 것이 좋을 것이다.

"우리는 (   ) 문제를 해결하기 위해 (   ) 사람들이 모여 만든 ○○협동조합입니다. 당신이 가입하면 당신도 우리와 이런 일을 함께 하는 구성원이 됩니다. 구성원은 협동조합의 주인이라서 조합원이라고 합니다.

조합원은 서비스를 받는 사람이기도 하고 주는 사람이 되기도 합니다. 이것을 우리는 협동이라고 합니다. 우리는 생산하고 소비하고 만나고 의논해서 결정하는 모든 과정이 협동으로 이루어질 수 있도록 운영합니다.

우리는 세 가지를 협동합니다. 우리의 공동재산을 만드는 자본의 협동, 서로 맞추어 운영하기 위한 생각의 협동, 그리고 이것이 가능하도록 품앗이하는 노동의 협동입니다."

조합원이 협동조합의 구성원이 되고, 거기서 자기 자리를 찾고 협동하는 관계를 맺도록 조합원제도를 운영하려면 손 볼 데가 여러 군데 있다.

(1) 권리와 책임에 따른 조합원 유형 정하기

협동조합은 가입과 탈퇴가 자유롭다. 오는 사람 막지 말고 가는 사람 잡지 말라는 뜻이다. 그렇다고 들락날락하는 조합원만 있다면 협동조합이라는 조직의 안정성은 떨어질 것이다. 이왕이면 오게 하고, 왔으면 오래 머물게 하는 게 좋다. 그래서 오려는 사람의 처지와 조건에 맞는 자리를 제공해주면 자발적으로 선택할 가능성이 커진다.

그러기 위해서는 우선 조합원의 선택지를 넓히는 제도가 필요하다. 가입한 사람 모두 조합이 제공하는 기본 서비스를 평등하게 누리되, 참여와 책임에 따라 행사할 수 있는 권한이 달라지도록 조합원 유형을 정하는 것이다. 책임과 권리를 기준으로 구분하며 보통 정조합원, 준조합원, 예비조합원, 이용조합원의 유형을 둔다.

① 정조합원
협동조합의 원칙에 입각하여 조합이 정한 기본적인 책임과 의무에 동의하고 실행하는 법정 조합원이다. 의사결정 참여 및 피선거권 등 조합원으로서 누릴 수 있는 모든 권리를 행사할 수 있다.

② 준조합원

준조합원은 정조합원에 준하는 자격을 가진 조합원으로서 협동조합이 제공하는 혜택은 동등하게 누리되 임원이 되거나 의사결정에 참여하는 권리가 제한된다. 준조합원은 정조합원으로서 책임과 의무를 소홀히 할 때 개선을 위해 주어지는 자격이다. 조합과의 거래(이용) 실적, 기본적인 책임과 의무의 이행 여부 등 함께 정한 규칙이나 약속을 지키지 않는 경우 등을 기준으로 둘 수 있다.

예컨대 소비자(이용자)조합원이 일정한 기간 동안 조합의 사업을 전혀 이용하지 않는다든지, 생산자 조합원이 공급량이나 날짜를 어긴다든지, 조합원이 총회 때 결의한 안에 반하는 행동을 한다든지, 조합에서 정한 조직 문화에 반하는 권위적이고 차별적인 행동을 한다든지….

그러나 가장 중요한 것은 조합원에게 먼저 시정을 요청하여 개선되는 경우 정조합원의 자격을 유지할 수 있도록 하는 것이다. 하지만 여러 차례 시정을 요청했는데도 개선되지 않는다면 준조합원으로 강등할 수 있다.

③ 예비조합원

예비조합원은 정식으로 조합원 자격을 갖추기 전 단계로서 보통 6개월에서 1년간 유지된다. 이후 당사자의 의견을 토대로 조합의 심사를 거쳐 정조합원의 자격을 가질 수 있다. 이 제도를 두는 목적은 첫째, 가입한 조합원이 정조합원으로서 책임과 의무를 이행할 것인지 판단할 시간을 주기 위함이다. 둘째, 가입 후 조합원의 기본 의무인 신입 조합원 설명회 등에 아직 참석하지 않았거나, 정관에서 정한 출자금이 완납되지 않은 경우 등 가입 시 동의한 조건을 충족시키지 않았을 때 자격을 갖출 수 있도록 하기 위함이다. 예비조합원은 정식조합원이 아니기에 조합의 서비스를 이용할 수 있지만 의결권을 가지지 못한다.

④ 이용조합원

이와 더불어 많은 사람이 가입해 규모의 경제를 이루어야 하는 (의료복지)사회적협동조합, 소비자생활협동조합이나 로컬푸드협동조합 등은 특별한 조합원 유형을 둘 수 있다. 필요할 때만 가끔씩 서비스를 이용하기 원하거나 조합원으로서 역할을 할 수 있는 처지가 안 되는 사람을 위해서다. 법정조합원이 아닌 단순 이용조합원인 셈이다. 그에 따라 의결권이 제한된다.

단순 이용조합원의 경우 정조합원만큼 기여하고 책임을 지지 않으므로 혜택도 덜 받을 수 있다. 예컨대 조합의 잉여가 발생하여 정조합원에게 할인이나 추가 서비스를 제공할 때,

조합이 무상으로 공간을 이용할 수 있도록 할 때, 조합원 소모임 등 자치적인 활동을 지원할 때, 상담이나 컨설팅 등 특별한 서비스를 제공할 때 다양한 서비스를 온전히 누리지 못한다. 각각의 경우에 따라 제외되거나 적게 적용되고, 비용을 부담해야 이용할 수 있는 등 차등이 있을 수 있다.

조합원의 유형을 정하는 까닭은 조합원에게 선택의 폭을 넓히면서 동시에 주인노릇하는 책임 있는 조합원의 구심을 세우자는 취지다. 그러니 단순 이용조합원도 본인이 원하는 경우 언제든지 정조합원이 될 수 있도록 열어두어야 한다. 반대로 정조합원도 사정이 여의치 않거나 내키지 않는다면 단순이용조합원으로 변경할 수 있도록 하는 것이 좋다. 왜냐하면 굳이 탈퇴하기보다는 느슨한 관계로 남아 있도록 여지를 둘 수 있기 때문이다. 연 1회 조합원 의사를 확인하여 변경할 수 있도록 하면 될 것이다.

중요한 것은 각자의 처지와 조건, 의지와 자발성 정도에 따라 적절한 관계를 맺는 것이다. 안 하려는 사람을 억지로 하게 할 수도 없고, 그렇다고 이도저도 아닌 어정쩡한 관계는 불편하다. 관계의 피로도를 줄이고 가진 역량에 기반하여 할 수 있는 만큼 협동하는 구조를 위해 잘 짜인 조합원제도는 참 중요하다.

(2) 세심한 가입 절차 만들기

모 주택협동조합에서 있었던 일이다. 원래 거주를 목적으로 가입하려는 조합원들에게는 몇 차례의 워크숍을 진행하여 입주 관련사항을 상세하게 안내한다. 한번은 피치 못할 사정이 생겨 비게 된 집에 빨리 입주자를 들여야 해서 부동산을 통해 거주자를 소개받았고, 그는 조합원으로 가입하지 않았다.

그런데 얼마 후 그 비조합원은 소음 문제로 이웃 거주 조합원들과 마찰을 빚게 되었다. 이런 일이야 조합원들 간에도 발생할 수 있지만 문제는 그 비조합원이 다른 조합원들은 지키는 조합의 '갈등 처리' 절차를 따르지 않았다는 점이다. 절차에 따르면 갈등의 당사자가 각자 사유를 전달하고 해결 방안을 찾아야 한다. 그런데 그 비조합원은 제대로 해명하지도 않고, 합의를 도출하기 위한 자리에 참석도 하지 않았다. 그래서 한동안 골머리를 앓았고 결국 그 비조합원 가구는 이사 갔다고 한다.

이렇게 사전 안내는 너무나 중요하다. 자신의 권리뿐 아니라 의무를 알고 선택하여 결정하는 사람은 함부로 하지 않는다. 알고 오는 것과 모르고 오는 것은 이후 조합원 관계와 조합 이용에 있어 큰 차이를 만들기 때문이다. 그래서 조합 활동 전반에 영향을 미치는 가입 절차를 세심하게 짜고 지켜야 한다. 올 사람이 와서 잘 이용하고 잘 어울리고 제 할 도리를 하게 도와주는 일이니 정성을 들여야 하지 않을까. 그런 의미에서 가입 절차에서 점검하고 준비해야 할 것을 살펴보자.

① 사전 안내

사전 안내는 조합원의 관점에서 판단할 수 있도록 소개자료를 만들고 문의를 받는 일을 말한다. 우선 소개자료에 꼭 들어가야 할 내용이 있다.

첫째, 조합원의 관점에서 가입할 협동조합의 특성과 이점을 정확히 알 수 있는 내용이다. 예컨대 의료복지사회적협동조합이라면 다른 일차의료기관과 무엇이 어떻게 다른지 분명한 차별성을 드러내고, 어떤 서비스를 받을 수 있는지 알려주어야 한다. 문화예술협동조합이라면 각자 독립된 사업자나 프리랜서로서 부딪히는 어려움을 해소해주는 서비스를 제시해야 한다. 계약 체결상의 불이익을 막아준다든지 행정 처리를 대신해준다든지 하는 사무상의 필요가 있을 것이고, 공동작업이나 콜라보의 기회를 제공한다든지 하는 직업적 활동력 강화도 있다. 더불어 직업특성상 홀로 작업하는 고단함과 외로움을 달래주는 울타리를 만들어주는 모임 등의 관계적 서비스 제공도 구미가 당길 것이다.

둘째, 협동조합이기 때문에 가지는 장점인 투명한 경영, 조합원 의견 반영, 가격 혜택 등을 부각하고, 그에 따르는 조합원의 책임이 있음을 분명히 안내한다. 자신이 누리는 것이 공짜가 아니라는 것을 알려주어야 하기 때문이다.

문의를 받는 일은 우리 협동조합에 대해 궁금해하거나 자세히 알고 싶은 사람에게 설명해주는 일이다. 이를 위해 전화 문의를 받거나 지역의 각종 행사 때 상담이나 체험 부스를 마련하는 것도 좋지만 규모가 큰 협동조합은 좀 더 안정적인 안내가 필요하다. 그러므로 사업소 한쪽에 안내 코너를 마련하여 드나드는 사람들에게 찬찬히 설명을 해주면 직원의 번거로움을 덜어줄 수 있다. 보통 일하면서 가입 안내도 같이 하느라 정신없이 지나가는 경우가 많은데 이렇게 되면 가입 안내가 요식행위처럼 되어버리기 쉽다.

② 조합원을 위한 매뉴얼 만들기 : '우리 협동조합 사용법'

협동조합에 가입한 조합원은 궁금한 것이 많을 것이다. 내가 사는 물건이나 서비스에 대해서, 조합원이 누리는 혜택에 대해서, 문제가 생길 때 누구한테 물어봐야 하는지 하는 이용과 관련해서 궁금증이 있다. 이뿐 아니라 우리 조직은 어떻게 운영되는 곳인지, 책정된 가격은 합당한지와 같은 경영 관련 정보도 필요하다. 아니면 이런저런 제안이 있거나 활동을 하고 싶으면 어떻게 하면 좋은지 물어보고 싶은 것도 있을 수 있다. 한마디로 조합원의 관점에서 조합 이용 매뉴얼이 필요하다는 뜻이다.

조합원 매뉴얼은 앞서 말한 소개자료를 포함하여 좀 더 상세한 조합원살이에 대한 소개가 될 것이다. 다들 조합원들이 참여를 안 해서 힘들다고 한다. 그 문제를 해결하려면 무엇을 어떻게 참여할지 우선 전체적인 그림을 보여주면 훨씬 수월해진다.

프랑스의 작가이자 철학자인 사르트르(Jean Paul Sartre)가 쓴 《닫힌 방 Huis clos》이라는 희곡이 있다. 길을 잃을까 두려워 방을 나오지 않아 서로 만나지 못하는 세 사람의 이야기다. 어쩌면 우리 조합원들도 자기 방을 나오지 못해 서로 만나지 못하고 있는 건 아닐까? 조합원 매뉴얼은 그들이 길을 잃을까 두려워하지 않고 나올 수 있도록 지도를 만들어주는 일이라 생각하자.

(3) 조합원의 자리 찾아주기

물건이나 서비스를 이용하는 협동조합의 경우 그나마 조합원과의 대면이 가능하다. 그러나 다른 유형의 협동조합은 공식적인 회의를 제외하면 딱히 조합원들과 만날 기회가 별로 없다. 그래서 이런저런 소모임을 제안하기도 하고 교육이나 강좌 같은 프로그램을 마련해서 초대하기도 한다. 그런데 잘 알지도 못하는 사람과 처음부터 회의로 만나자고 하면 선뜻 내키지도 않고 어색할 수 있다. 혹시 가서 아는 사람이 없으면 어떡하나 걱정되고, 뭘 어떻게 해야 할지 감이 잡히지 않아서 부담될 수도 있다.

그래서 조합원의 처지와 조건에 따라 유형을 정하는 것과 더불어 그가 자신의 자리를 찾도록 도와주어야 한다. 신입조합원 안내나 교육 등이 있지만 그것은 일회적이지 지속적인 관계 형성을 보장하지 않는다. 조합원의 자리 찾아주기란 협동조합에서 조합원이 운영에 참여할 수 있는 방법을 찾아주는 것이다. 이것은 '노동의 협동'의 관점에서 이루어져야 한다*. 즉, 조합원이 정기적으로 조합의 운영에 자신의 시간을 내주는 자원봉사 개념이다.

예컨대 공동육아와 공동체교육 같은 협동조합은 모든 조합원이 어린이집을 청소한다. 때로는 시설을 수리하고 필요한 물품을 만들기도 한다. 부모가 돈만 내고 아이를 맡기는 것이 아니라 직접 참여하여 운영하자는 정신에서 시작된 전통이다. 주택협동조합은 거주자 자치회를 운영하며 스스로 관리하기도 한다. 의료복지사회적협동조합들도 정기적이지는 않지만 지속적으로 조합원들이 노동의 협동을 진행한다.

---

* 노동의 협동에 대해서는 《협동조합의 돈과 민주주의》 84쪽 '프랑스의 소비자협동조합 라루브' 사례와 146쪽 '노동의 협동을 설계할 때 고려해야 할 것들'을 참고하기 바란다.

하지만 기존의 노동의 협동 사례를 보면 정기성이 떨어지고, 일부만 참여하거나, 참여 방법이 다양하지 않아 조합원의 선택지가 많지 않다. 따라서 조합원에게 제안할 자리를 개발하고 정기적으로 참여할 수 있는 방안이 필요하다.

매장에서 소분하는 일, 조합원 소식지를 발송하는 일, 사업소를 청소하는 일, 물품의 포장지나 박스를 분리수거하고 재활용하는 일, 조합원 의견수렴함을 확인하여 전달하는 일, 장바구니를 만들어 나누어주는 일, 숙련 조합원의 경우 신규 조합원에게 사전 안내하는 일 등 생각해보면 조금만 배우면 금방 따라 할 수 있는 일이 많다. 혼자가 아니라 여럿이서 하도록 하면 어렵지 않고 부담도 적다. 일을 하다보면 자연스럽게 얘기할 수 있으니 사람도 사귀고 자신의 협동조합에 기여하는 보람을 느낄 수 있다.

그러니 조합원 참여를 교육이나 사업소 이용, 의사결정과 같은 공식적인 역할에 한정하지 말고 일상의 것으로 만드는 발상의 전환이 필요하다. 노동의 협동은 관계를 만들어 결속하는 과정이자 조합의 살림을 사는 협동의 과정이다. 그 과정이 있어야 조합원은 자신이 이 조직에 꼭 필요한 사람임을 느끼게 되어 자신의 자리를 찾을 것이다.

작은 협동조합은 언급한 체계를 만들 여력이 없다고 생각할 수 있다. 이미 한 사람이 이것저것 가리지 않고 하고 있는

데 어떻게 또 새로운 걸 만드냐고 반문할 수 있다. 하지만 잘 보면 몇몇이 일을 다 떠안고 있는데 손 놓고 있는 사람들도 있다. 그래서 크든 작든 여러 사람이 만나 조직을 만들면 체계가 필요하다. 그렇지 않으면 친한 사람끼리 만들어도 갈등이나 충돌이 생겨 사이에 금이 갈 수 있다.

처음처럼 내내 같이 잘 지내기 위해서, 알지 못했지만 조금씩 서로 알아가기 위해서, 낯설지만 익숙해지고 편안해지기 위해서, 사람의 마음에만 기대지 말고 협동의 구조를 만들어야 협동하는 관계가 될 수 있다. 그래서 조합원을 위한 제도를 만드는 데 돈과 시간을 투여해야 한다. 이것이 협동조합 인적자원관리(human resource management)의 첫째이자 주인노릇을 안 하거나 잘못해서 생기는 오너십 리스크를 줄일 수 있는 방안이다.

2

협동조합의 돈 : 자본의 협동

조합원들은 잘 모르겠지만 많은 협동조합의 임직원들은 돈 때문에 가장 골머리를 앓고 있다. 물건이 팔려야 돈이 들어오는데 팔리지 않아서 걱정, 적자가 나니 증자를 해야 하나 대출을 받아야 하나 조합비제도를 도입해야 하나 고민, 새로운 사업을 벌여야 하는데 어디서 돈을 마련해야 하나 궁리 등. 때로는 후원주점이나 경매 행사를 벌여 조합원들의 지갑을 열도록 한다.

이런 가운데 여러 협동조합에서 의미 있는 시도들이 있었다. 특히 의료복지사회적협동조합의 경우 의원과 같은 사업소를 운영하고 있으니 임대료가 큰 부담이다. 그래서 직원과 조합원들이 고생해서 번 돈을 건물주에게 갖다 바치는 꼴을 더 이상 안 보려고 자산화 사업을 시작했다. 여기저기 공적 지원제도를 활용하기도 하지만 그 또한 어차피 갚아야 할 돈인지라 대대적인 증자운동을 벌여 '내집마련'의 꿈을 실현하기도한다.

협동조합의 돈을 어떻게 운영해야 하는지는 3원칙 '조합원의 경제적 참여'에서 기본적인 안내가 되어 있다. 출자, 증자, 보상, 잉여 분배 등을 다루는 원칙이다. 원칙의 올바른 이해와 적용이 무척 중요한데 현장에서는 제대로 이해하고 적용하지 못한 실정이다. 그래서 필자는《협동조합의 돈과 민주주의》에서 원칙을 올바로 이해하고 제대로 적용하도록 안내한 바 있다.

그런데 앞서 보았듯이 협동조합에서 돈 문제는 '어떻게 매출을 올려 수익을 발생하게 할까?' 하는 영업의 문제만은 아니다. 알고 보면 '필요한 돈을 어떻게 마련할까?' 하는 문제이기에 '자본의 협동'이라는 관점에서 다룰 필요가 있다. 왜냐하면 3원칙 '조합원의 경제적 참여'를 조합원이 돈을 내야 한다는 식으로 단순하게 생각하여 자본 운용에 다소 어려움을 겪고 있기 때문이다. 협동조합에서 돈은 여러 가지 이름을 가지고 있고, 그것을 모으고 쓰는 일은 모두 협동으로 이루어져야 지속가능할 수 있다.

가장 중요한 것은 협동조합의 출자금에 대한 시각을 바로잡는 일이다. 조합원들은 보통 출자금을 입장료라고 생각하고, 또 그렇게 안내받는 경우가 많기 때문이다. 그다음에는 협동조합에 어떤 돈이 있는지 알아야 한다. 출자금만이 아니라 증자도 있고, 조합비, 적립금, 잉여, 기금 등 아주 다양한 색깔의 돈이 있다. 증자에도 정기증자, 자동증자가 있다. 그 각각의 이름에 맞는 운용 방식을 알면 돈을 모으고 쓰는 일이 훨씬 수월해진다.

1) '출자금은 입장료가 아니랍니다!'

너무도 당연한 말인데 현실도 너무나 당연할까? 여러 협동조합의 조합원으로서 내가 경험하고 본 현실은 당연하지 않았다. 많은 사람이 지속적으로 이용하기 위해서는 출자가 필요하니 그렇게 몇 만 원의 출자금을 낸다. 마치 이용할 권리를 얻는 것처럼. 그런데 이후 조합이 사업을 확장하거나 필요한 설비를 갖추기 위해 증자를 요청하면 내 일이 아닌 듯 무관심한 조합원들이 꽤 된다. 왜 그럴까?

출자금은 집을 지을 때 벽돌을 놓는 것과 같다. 나는 하나의 벽돌을 놓지만 나와 같은 조합원들이 하나씩, 둘씩 그렇게 벽돌을 놓아 함께 집을 짓는 것이다. 그래서 불어로 출자금을 'part social'이라고 한다. 즉 협동조합이라는 '회(會)의 부분'이란 뜻이다. 나만을 위한 이용권을 얻는 것이 아니라 모두를 위한 집을 짓는 사람이 되는 것이다.

그런데 우리가 집을 지어놔도 낡으면 수리해야 하고, 식구가 늘어나면 새로 방도 만들어야 하고, 때로는 이사도 가야 한다. 그때마다 돈이 드니 미리미리 저축을 해놓아야 하듯이 적립금을 마련해 두기도 하지만 그걸로 모자랄 때가 많다. 그럴 때는 같이 사는 식구들이 함께 돈을 마련해야 하는 것처럼 조합원도 있는 만큼, 가능한 만큼, 때로는 적금을 깨기도 하면서 함께 돈을 마련해야 하는 것이다. 이것이 협동조합의 제3원칙인 '조합원의 경제적 참여'이다.

조합원의 경제적 참여를 결정하고 시행할 때는 좀 더 세심한 고려가 필요하다. 조합원이니까 당연히 경제적으로 참여해야 하지만 결정했다고 무조건 따르는 사람이 조합원은 아니기 때문이다. 무엇 때문에, 어떤 목적으로, 얼마나 돈이 필요한지잘 알 수 있어야 하며, 그래야 함께 결정할 때 마음을 낼 것이다. 다시 말하면 조합원의 경제적 참여는 '생각의 협동'이 이루어질 때 가능하다는 뜻이다.

이 생각의 협동이 참 어려울 수 있다. 때로는 돈을 내는데도 내가 받을 수 있는 혜택이 별로 없을 수 있기 때문이다. 예를 들어 우리 집을 리모델링하는 이유가 시골에 계신 할머니를 모셔야 하기 때문이라고 해보자. 부모님으로서는 당연히 그래야 한다고 생각하겠지만 할머니의 사랑을 별로 받은 적이 없는 나는 그러한 부모님의 처사가 잘 이해도 안 되고 내키지 않을 수 있다. 그냥 요양원에 모시면 될 걸 왜 굳이 집에 모시냐며 반대할 수도 있을 것이다. 하물며 가족의 일도 이러한데 협동조합에서의 의사결정은 더욱 긴 시간 동안의 의논과 고민이 필요하지 않겠는가?

고민할 거리가 한 가지 더 있다. 출자가 자본의 협동이고 그자본의 협동은 생각의 협동에 기반하는데, 협동조합의 협동은 또한 노동의 협동이기도 하다. 모두가 출자를 하지만 경제적 참여가 꼭 돈으로 이루어져야 하는 것은 아닐 것이다. 한 푼이 아쉬운 조합원들도 있을 것이니 돈으로 출자하지 않고 노동으로 출자하는 방식도 고민할 필요가 있다. 레츠(LETS, Local Exchange & Trading System)라고도 하는 품앗이는 협동의 중요한 요소다. 누구는 돈으로 협동하고 누구는 자신의 시간과 땀으로 협동할 때 다양한 협동, 가능한 협동이 될 수 있지 않을까? 협동에 정해진 방법이 있는 건 아니니까.

2) 잘 모으고 제대로 써야 하는 협동조합의 돈

협동조합을 비롯하여 사회적경제 조직의 공통된 운영원리는 '자본보다 사람과 노동이 우선한다'는 점이다. 이 말은 자본 기여에 대해 투자 수익을 보장하지 않는다는 뜻이다. 그래서 잉여를 분배할 때 출자금에 비례하지 않고 조합과 거래한 양에 비례한다는 원칙을 세웠다.

그런데 이 말의 깊은 뜻을 잘 봐야 한다. 핵심은 돈이 주인 노릇을 하지 않도록 해야 한다는 것이다. 그러려면 어떻게 해야 할까? 우선 돈이 사람을 통제하지 않고 사람이 돈을 통제해야 한다. 그러하기에 출자금에 비례하지 않고 모든 조합원이 평등하게 1인 1표를 행사하여 민주적으로 통제한다는 원칙을 세웠다. 이와 더불어 또 다른 숨은 뜻은 협동조합의 지속성은 조합원인 사람의 노력에 달려있으므로 사람을 우선하여 운영해야 한다는 것이다. 물건을 사고 파는 거래뿐 아니라 증자든 조합비든 조합원의 동의가 있어야 한다. 그러니 왜 사야 하고, 왜 조합비를 내고, 왜 증자해야 하는지 알 수 있도록 충분히 정보를 제공하고 의견을 수렴하는 과정이 꼭 필요하다.

이런 측면에서 협동조합이 운용하는 다양한 종류의 돈의 이름과 그 이름에 맞는 쓰임새를 알아보기로 하자.

(1) 출자금(membership shares)과 가입비(joining fee)

앞의 1)에서 출자금은 입장료가 아니고 협동조합이라는 집을 짓기 위한 벽돌과 같다고 했다. 그러니까 출자금은 협동조합의 살림살이를 위해 필요한 돈이다. 예컨대 친구들끼리 같이 살려면 돈을 모아 집을 얻어야 한다. 그리고 이사한 후에는 공동 생활비를 모아 공과금도 내고 수리할 때 쓰기도 한다.

이처럼 출자금은 협동조합이라는 집의 살림을 살기 위한 돈이다. 그러니 그 집에 같이 살자고 들어온 사람은 당연히 집값의 일부와 생활비를 내야 할 것이다. 물론 큰 방을 차지하는 사람은 조금 더 내고, 불행히도 백수가 된 친구에게는 좀 덜 내도록 배려해 줄 수 있을 것이다. 3원칙에 "조합원들은 그들 협동조합의 자본에 공정하게 기여하고" 부분이 이에 해당한다.

그래서 ICA 안내서에는 '가입을 조건으로 납입하는 자본', 즉 한국에서 기본출자금이라고 하는 돈은 공동재산이라고 명시되어 있다. 이 기본출자금은 공동으로 소유하는 재산이기 때문에 탈퇴할 때 환급될 수 없다고 명시되어 있다*. 그런데 현행 기본법에서는 가입 시 납입한 출자금을 비롯하여 증자를 통해 늘어난 돈 전체를 출자금이라고 하며, 탈퇴 시 환급된다고 되어 있다. 이 때문에 현장의 많은 협동조합은 설립한 후 최소한의 공동재산도 없이 돌려주어야 할 돈밖에 없는 불안정한 상황에서 운영해야 하는 고충을 겪고 있다.

이런 까닭에 일부 협동조합은 법에 저촉되지 않으면서 자본의 불안정성을 타개하기 위해 가입비제도를 활용한다. 가입비는 ICA에 따른 '가입을 조건으로 납입하는 자본' 개념으로 가

---

* 이에 관해서는 《협동조합의 돈과 민주주의》 71~76쪽에 상세히 설명해 두었다.

입에 따른 행정비용 및 운영자금을 충당하기 위해 납입해야 하는 돈이다. 그래서 환급되지 않는다.

가입비제도는 해외의 협동조합들도 널리 활용하고 있다. 예컨대 필자가 종종 소개한 미국의 친환경로컬푸드협동조합인 파크슬로프푸드쿱(Park Slope Food Coop)의 경우 가입비 25달러, 기본출자금 100달러를 책정하고 있다*.

이 시점에서 ICA의 안내서에 의거하여 출자금이라는 돈의 명칭과 사용법을 정립해보자. 우선 가입을 조건으로 납입하는 돈을 기본출자금이라고 하는데, 이것은 가입비 또는 가입출자금의 개념으로 이해하는 게 낫다. 이 돈은 개인소유가 아닌 공동소유이기에 환급되지 않는 공동재산이 된다. 이것은 이치를 따지면 너무나 당연한 말이다. 왜냐하면 협동조합은 공동으로 소유되는 조직인데 탈퇴하면 환급해야 하는 돈만 있다면 무엇을 공동으로 소유한다는 말인가? 게다가 환급해야 한다는 뜻은 출자금이라는 게 잠재적으로는 협동조합의 빚이라는 뜻이다. 조합원은 협동조합의 주인인데, 주인이 살림살이를 위해 내는 돈이 다 자기 집의 빚이라는 게 말이 되는 걸까? 협동조

---

* https://www.foodcoop.com/manual/ (2024.11.13. 인출). 파크슬로프푸드쿱은 전 조합원이 매달 2시간 45분 '노동의 협동' 의무를 이행해야 조합원이 되고 매장을 이용할 수 있는 참여협동조합이다. 이에 대해서는 김신양(2015), '지역살림과 협동노동의 협동조합'(모심과살림 6호), 김신양(2019), '저성장 시대를 뛰어넘는 새로운 협동조합운동의 길',(2019 한살림생명협동연구 결과보고서, 한살림재단)을 참고하기 바란다.

합과 조합원이 채무관계로 엮여있단 말인가? 아무리 생각해도 논리적으로 성립하지 않는다.

그러므로 이후에는 막연히 출자금이라는 용어를 사용하기보다는 가입할 때 의무적으로 납입하는 돈은 가입출자금으로, 자발적으로 추가 납입하는 돈은 환급출자금으로 구분하는 것이 좋겠다. 그래서 원칙적으로 가입출자금은 공동소유이고 환급출자금은 조합원 개인소유로 두어 그에 맞게 운용해야 할 것이다. 이 부분은 제도 개선이 이루어져야 하겠지만 그 전에 현실적으로는 가입비와 출자금으로 구분할 수 있을 것이다.

이런 이야기가 다소 혼란스러울 수 있다. 그러나 제도의 미비로 현장에서 어려움을 겪고 있는 상황을 고려하지 않을 수 없다. 그래서 정확한 원칙을 알고 적절한 답을 찾기를 바라는 취지에서 꼭 짚고 넘어가야 할 문제라고 생각했다. 불안정한 자본에 기대어 운영하지 않고 최소한의 안정적인 기반을 마련해야 지속가능한 협동조합이 될 수 있기 때문이다.

(2) 적립금(reserves, indivisible reserves)

가입출자금과 더불어 협동조합이 공동으로 소유하는 두 번째 돈이 적립금이다. 적립금이란 잉여가 발생할 때 첫 번째로 조성해야 할 돈이다. 잉여가 없으면 당연히 적립금도 조성할 수 없다. 불행히도 설립 후 한 번도 적립금을 조성해보지 못한 협동조합들이 꽤 된다.

이제 적립금의 유형과 성격을 살펴보자. 적립금의 유형에는 법정적립금과 임의적립금이 있다. 법정적립금은 법에 따라 반드시 두어야 할 항목이고, 임의적립금은 협동조합의 결정에 따라 둘 수도 있고 안 둘 수도 있다. 그래서 해외에서는 임의적립금을 정관적립금이라고 부른다.

중요한 것은 적립금의 성격인데, 3원칙에 이렇게 나와 있다. "조합원들은 다음과 같은 목적의 일부 또는 전체에 잉여를 할당한다. ①협동조합의 발전 : 적립금 조성으로 가능하며, 이 중 최소한 일부는 나눌 수 없는 적립금 ②협동조합과의 거래에 비례하여 조합원들에게 편익 제공 ③그리고 조합원들이 승인한 기타 활동의 지원." 그러니까 적립금을 조성하는 목적은 협동조합의 발전을 위해서라는 것이며, 그러하기에 적립금의 일부는 나눌 수 없는(indivisible) 돈이어야 한다. 그래서 한국에서는 '비분할적립금', 또는 '불분할적립금'이라고 부른다.

조합원들이 나눠 가질 수 없는 돈이며, 협동조합의 발전을 위해서만 사용해야 하는 돈이 적립금의 성격이다. 적립금은 협동조합의 지속가능성을 보장하기 위한 돈이므로 협동조합의 발전을 위해 개발에 사용하거나 저축해두라는 뜻이다. 미래에 어떤 어려움이 닥칠지 모르니 지금 돈 생겼다고 나눠 가지지 말고 미리미리 대비하라는 뜻이다.

이것이 협동조합 살림을 알뜰하게 사는 방법이다. 한 가정에서도 식구가 늘거나 아이가 자라서 따로 방을 써야 할 때 리모델링하거나 이사가려고 적금을 붓는다. 받은 월급을 있는 대로 다 쓰면 살림은 윤택해지지 않고 미래를 대비하지도 못한다. 가족이라는 공동체를 지키는 일이다. 또한 가족이 함께 노력하여 마련한 돈은 가족 모두를 위해 쓰거나 고루고루 혜택이 돌아가야지 그렇지 않으면 불화가 생긴다.

가족이든 결사체든 공동의 것이 있어야 공동체가 된다. 이런 까닭에 ICA는 잉여가 발생할 때 배당을 하지 않고 가장 먼저 적립금을 조성하라고 했다. 그다음에 거래량에 비례하여 편익을 제공함으로써 조합원의 기여에 보답하고, 협동조합이 있는 지역사회에 돌려주는 사회사업에도 쓰라고 한 것이다. 참으로 지혜로운 살림살이가 아닌가!

(3) 조합비(member contribution)

조합비는 이름 그대로 조합원이 협동조합에 내는 기부금이다. 그래서 출자금과는 달리 탈퇴 시 환급되지 않는다. 최근 점차 많은 한국의 협동조합이 이 제도를 도입하는 추세이며, 월 단위 일정 금액(보통 1만 원)을 기부하는 방식이다.

조합비제도를 두는 목적과 방식은 다양하다. 대부분은 부족한 운영비를 충당하기 위하여, 일부는 조합원 활동을 활성화하기 위하여, 또 지역사회에 기여하거나 사회적 목적을 가지는 활동을 추진하기 위해서다. 대부분 원하는 조합원만 납부하도록 하는데, 일부 전 조합원의 의무로 두는 협동조합도 있다.

ICA 안내서에는 '조합원의 경제적 참여' 원칙에서 조합비에 대한 언급은 없다. 그러나 그 필요성이 점점 커지고 있고, 때로는 조합비가 조합원에게 특혜를 주는 방식으로 오용되고 있는 상황에서 조합비 사용 원칙이 필요하다고 생각한다. 그래서 국내외 사례를 참고하여 그 목적과 활용 방식에 대한 원칙을 정립하고자 한다.

이를 위해 특히 캐나다 건강협동조합의 '연회비' 사례에 주목할 필요가 있다. 건강협동조합연합회 차원에서 연회비에 대한 권고사항을 마련했기 때문이다*. 우선 연합회는 연회비의 필요성을 설명했다. 첫째, 협동조합이 다각적인 수입구조가 존재하지 않는 경우 재정적 지속가능성과 협동조합의 인프라를 유지하기 위해서이다. 둘째, 연회비를 확보하여 공적 제도가 책임지지 않는 추가적인 서비스를 제공할 수 있기 때문이

---

* 이 내용은 필자가 번역한, '사회연대경제의 지식 전수 및 혁신 확산을 위한 국제 센터 (C.I.T.I.E.S.)'가 2019년에 발간한 보고서 〈퀘벡의 보건의료 분야에서 건강협동조합과 사회적경제 기업의 경험 : 보건서비스 경영의 지배구조 및 노동자의 책임과 참여〉(서울특별시 사회적경제지원센터), 44~45쪽을 참고하기 바란다.

다. 예컨대 비조합원이라도 긴급히 의료지원이 필요하다면 외면할 수 없을 것이다. 이때 건강협동조합이 자체적으로 의료비를 부담해야 하기에 여유 자금이 필요하다. 이 경우 나중에 필요한 절차를 거쳐 관련 공적 기관을 통해 환급받기도 한다.

그런데 연합회는 연회비 정책이 시행될 수 있도록 권고하면서 특별한 주의사항을 제시했다. 우선 연회비는 출자금과 마찬가지로 협동조합의 수입의 필요성 뿐 아니라 해당 지역사회 가정의 소득 수준도 고려해야 한다는 점이다. 조합원의 소득 수준을 고려해서 회비를 책정하는 것이 좋다는 뜻이다. 둘째로 연회비가 서비스 접근성의 조건이 되어서는 안 된다는 것이다. 예컨대 연회비를 내는 사람에게는 예약 진료 서비스를 제공하여 대기하지 않아도 되게끔 하는 식의 특혜를 제공하는 경우이다.

여기서 우리는 조합비 사용과 관련하여 이 둘째 부분에 각별히 주의할 필요가 있다. 조합비 납부를 조합원의 자발적 의사에 맡기는 경우 내는 사람도 있고 안 내는 사람도 있을 것이다. 그런데 조합비를 낸다고 협동조합의 서비스를 이용하는 데 있어 특별한 혜택을 제공해서는 안 된다. 왜냐하면 조합비는 그야말로 조합을 위해 써야 하는 돈인데 조합원의 개인적인 이익을 위해 사용하는 것은 취지에 부합하지 않기 때문이다.

(4) 기금(fund)

로치데일의 공정개척자부터 현대에 이르기까지 협동조합들은 다양한 기금제도를 활용해 왔다. 기금은 특별한 목적을 실현하기 위해 조성하는 자본으로, 조합원을 위한 사업에 쓸 수도 있고 사회적 목적을 가지는 활동을 위해 쓸 수도 있다. 예컨대 로치데일의 경우 잉여가 발생할 때 일부를 교육기금으로 할당하여 조합원들의 문맹을 퇴치하기 위한 사업에 썼다.

기금을 활용하는 사업은 특히 조합원 규모가 큰 협동조합이 유리하다. 한국의 경우 대표적으로 두레생협은 민중교역을 활발하게 진행했다. 공정무역 기관을 매개하지 않고 자회사를 설립하여 필리핀 사탕수수 생산자들과 직접 관계를 맺었다. 기금을 조성해 현지 생산자들 및 주민들의 식량자급과 지역개발을 위한 사업을 활발하게 펼쳤다. 우리가 구매하는 마스코바도 설탕 한 봉지 값에 기금이 포함되어 있으니 기금 조성이 어렵지 않고, 또 조합원과 시민들이 자발적으로 기부를 하는 셈이 된다.

한살림의 경우 매년 봄, 수거한 헌 옷으로 조성한 기금을 파키스탄 어린이들을 위한 교육사업에 사용한다. 이 사업은 지역사회의 호의적인 반응을 얻어 한살림 조합원뿐만 아니라 지역사회의 많은 단체가 참여하는 지역 활동으로 자리 잡았다.

기금을 잘 활용하는 해외 사례는 2024년 현재 전국에 741개의 매장을 운영하는 프랑스의 대표적인 유기농협동조합 비오쿱(Biocoop)*을 들 수 있다. 비오쿱은 다양한 기금을 활용하여 유기농 생산자와 매장을 지원하고, 지역의 사회적경제 조직이나 먹거리 빈곤 문제를 해결하는 데 기여하고 있다. 투자기금을 활용한 데피비오(Défibio)는 비오쿱의 자회사로서 일부 농산물 가공품 가격에 소액 책정하여 조성한 기금으로 운영된다. 이 기금의 절반은 유기농 생산자의 정착과 사업에 투자하거나 출자하는 데 사용하고, 절반은 어려운 매장을 지원하는 데 사용한다.

특히 비오쿱의 '기부기금'을 통한 연대와 사회 실천 사례는 다른 협동조합들에게 많은 시사점을 준다. 왜냐하면 협동조합의 7원칙 '지역사회에 대한 고려(참여의식)'가 조합원의 참여를 통해 구체적인 방식으로 이루어지기 때문이다.

이러한 사례들을 보면 협동조합이 일반기업의 사회공헌 사업과 어떤 차이가 나는지 알 수 있다. 일반기업은 수익을 극대화하여 주주에게 배당하고 남은 돈을 복지 및 자선사업에 활용한다. 때로는 수익을 극대화하는 과정에서 수익 창출에 기여한 생산자들과 노동자들이 희생을 강요당하기도 한다. 사회

---

* https://www.biocoop.fr/magasins (2024.11.15. 인출)

공헌사업은 이런 이미지를 세탁하기 위한 방편으로 활용되기도 한다.

반면, 협동조합은 애초에 영리를 목적으로 하지 않기 때문에 수익을 극대화하여 남은 돈으로 사회에 기여하기 어렵다. 하지만 살림살이가 어렵더라도 어떻게든 지역에 하나라도 보탬이 되기를 바라는 마음, 협동조합은 자기들끼리만 잘먹고 잘살겠다는 이기적인 기업이 아니라는 것을 보여주고 싶은 마음, 그 간절한 마음이 새로운 활동을 기획하고 추진하는 동력이 되었다. 그래서 티끌 모아 태산이라고 조합원들의 작은 기부가 커다란 기금이 되어 지역사회와 지구촌 곳곳의 고통을 어루만지는 손길이 되었다.

이런 측면에서 협동조합은 기금 활용에 더 많은 관심을 가지고 새로운 영역을 발굴하면 좋겠다. 한 푼 두 푼 모으는 다양한 방법, 작은 협동조합은 다른 협동조합들이나 지역사회 모임 및 단체들과 뭉쳐서 해보는 방법, 이 또한 조합원들과 생각의 협동으로 만들어갈 수 있지 않을까? 그 과정에서 조합원들은 협동하면 무언가 의미 있는 일을 할 수 있다는 사실을 경험하게 될 것이다. 그 뿌듯함이 조합원 관계를 더욱 결속하도록 만든다. 이것을 두고 자리이타(自利利他), 즉 나에게도 좋고 남에게도 좋은 일이라 한다.

비오쿱 기부기금

2014년에 시작. 매장에서 고객이 산 물건 하나를 기부하면, 그 가격에 해당하는 액수를 기부금으로 적립하여 지역의 사회연대경제 단체의 활동을 지원한다.

1) 연대와 책임 있는 먹거리
- 유기농 먹거리를 접하는 데 제약이 되는 문화적, 경제적 장애 요인을 제거하기 위해 취약계층이 유기농을 접하고 식습관을 변화시킬 수 있도록 지원
- 비오쿱 매장과 먹거리 연대단체 및 수혜자들과의 지역 관계 형성

2) 기후정의와 사회정의
- 생태적이고 연대적인 사회전환을 위해 행동하는 지역 활동 지원
- 2020년에 각 지역 매장이 자체 선택한 단체의 활동 34개 사업에 약 1억 9천만 원(13만 유로) 지원 : 생태 다양성, 지속가능한 에너지, 재활용, 수자원/농업/농생태 보호

3) 자율적이고 회복력 있는 지역
- 유기농 및 자연보호 분야의 여러 업종에서 자활지원 사업 지원
- 2017년부터 성평등 운동단체로 등록된 조직에 멘토 프로그램 제공, 청년의 사회적, 직업적 성공 지원
- 2021년부터 '포용적인 생태 전환'을 위한 일자리 프로젝트를 시작. 20개 프로젝트에 약 1억 4천6백만 원(10만 유로) 지원

출처 : 비오쿱 2022년 활동보고

3

협동조합의 민주주의 : 생각의 협동

앞서 포께는 협동조합 결사체의 본질은 민주주의에 있다고 했다. 그리고 협동조합 2원칙 '조합원에 의한 민주적 통제'에 "조합원은 정책 수립과 의사결정에 적극적으로 참여한다"라고 되어 있다. 그런 만큼 민주적 운영은 협동조합의 생명이며 그 생명줄은 주인인 조합원이 쥐고 있다고 해도 과언이 아니다.

그런데 이토록 소중한 민주적 운영 원리가 생명력을 잃고 단지 '1인 1표'라는 형식적인 논리에 갇혀버렸다. 그래서 의사 결정에서 한 표 행사할 권리를 가진다는 의미로 축소되었고, 그마저 연례행사인 총회로 한정되었다. 그래도 작은 협동조합 에서는 조합원 대부분이 참여하는 반면, 큰 규모의 협동조합 은 대의원만 참여하는데 그마저도 정족수를 채우지 못할까 전 전긍긍하는 실정이다.

이제 형식적인 민주주의로 무기력해진 협동조합에 다시 생명력을 불어넣을 때다. 조합원들은 투표장에서 거수기 노릇하는 것에서 해방되어야 한다. 그것조차도 안 하려고 하는 마당에 뭘 더 바라냐고 할 수 있다. 하지만 그것만 하면 된다는 생각이 오히려 다른 가능성을 차단한 것은 아닐까? 정책 수립과 의사결정에 적극적으로 참여하고, ICA 안내서에서 말하듯 "모든 사람의 목소리가 들리도록 해야 한다."* 회의 장소만이 아니라 말할 수 있는 광장이 있어야 하고, 듣는 귀가 있어야 한다. 그래서 협동조합의 민주주의는 연례행사 민주주의가 아니라 일상의 민주주의, 참여 민주주의가 되도록 말하고 듣는 소통 체계가 정비되어야 한다.

또한 협동조합의 민주주의는 다수결의 원리만으로도 충분하지 않다. 조합원의 결속이 중요한 협동조합에서 동의가 되지 않는 것을 받아들이기보다는 탈퇴(exit)를 선택하게 만들 우려가 있다. 게다가 규모가 큰 협동조합에서는 복잡한 조직체계와 층층이 쌓인 논의구조로 인해 정보는 점차 앙상해지고 중간에 새기 일쑤다. 그 미로에서 길을 잃은 조합원들은 '내가 이런 말을 해도 되나' 하고 움츠러들고, '나 하나 이런다고 뭐가 달라질까' 하는 체념이 발목을 잡는다.

---

* ICA 안내서 23쪽.

협동조합의 민주주의를 조합원에 의한 민주주의만이 아니라 조합원을 위한 민주주의로 방향을 틀어보자. 조직을 위한 민주주의가 아니라 나를 위한 민주주의, '내 것은 내가 챙긴다'는 참여 민주주의의 문화를 만들어보자. 그러기 위해 다른 사람들과 생각을 협동해야 한다는 관점에서 접근해보자. 그러다 보면 이 또한 사람들과의 관계 문제임을 알 수 있다. 그렇다면 이제 생각을 협동하기 위해 조합원들이 스스로 넘어야 할 장벽은 무엇이고 넘지 말아야 할 선은 무엇인지 알아보자.

1) 아무도 나 대신 내가 원하는 것을 해주지 않는다

필자는 여러 협동조합에서 그다지 큰 문제가 아닌데도 해결하지 못하고 길게 끌며 갈등하는 모습을 보곤 한다. 밤낮으로 모여서 회의를 해도 풀리지 않는다며 SOS 요청을 해온 적도 있다. 그래서 이제까지 어떻게 진행했는지 물어보면 다들 "생각을 모으느라고 시간이 걸렸다."고 한다. 생각은 어떻게 모으는지 물었더니 각자의 의견을 들어본다고 했다. 그다음 어떻게 되었을까? 과연 생각이 모아졌을까? 그렇지 않다. 오히려 생각의 더미에 짓눌려 헤어나지 못하고 있었다. 과연 무엇이 문제였을까?

놀랍게도 그 과정에서 모인 것은 다른 사람의 말이나 생각에 대한 자신의 해석, 평가, 판단 등이었고 정작 무엇을 어떻게 할 것인가 하는 자신의 생각은 쏙 빠져 있었다. 우리는 이런 문제가 있어, 사람들은 이래, 그렇게 하면 안 될 텐데… 등 이른바 '충조평판(충고, 조언, 평가, 판단)' 아니면 남의 집 얘기인 경우가 많았다.

생각을 협동하려면 가장 먼저 나의 생각이 있어야 한다. 내 것이 있을 때 협동을 하든 협상을 하든 뭔가를 할 수 있다. 그래서 보통 협상 테이블에 앉으면 '먼저 패를 까야 한다'고 하지 않던가? 그러므로 조합원들이 가장 먼저 연습해야 할 일은 내가 생각해보고 내 생각을 말하는 것이다. 좋은 결정, 옳은 결정을 하는 사람이 아니라 자신의 생각을 말하는 사람이어야 한다. 왜냐하면 공통의 필요와 열망을 충족시켜야 하는데 내가 빠진 공통분모는 존재할 수 없기 때문이다.

또 다른 장벽은 협동조합의 특성을 잘 몰라서 생긴 오해에서 비롯된다. '윗사람들이 알아서 하겠지.' '살기도 바쁜데 내가 그런 것까지 해야 돼?' 이 둘은 다른 것 같지만 본질은 둘 다 남에게 기대고 의지하는 의존성의 표현이다. 일반기업이라면 월급 주고 시키면 되고, 돈 투자하고 알아서 하도록 맡기면 되지만 협동조합은 그런 조직이 아니다. 조합원의 생각에서 시작되어 결정이 나고, 그 결정에 따라 집행이 이루어진다. 그러니 조합원이 생각하고 결정하지 않으면 협동조합의 민주주의는 멈춘다. 민주주의가 멈춘 협동조합에게는 두 가지 운명이 기다린다. 껍데기만 남은 결사체가 사업체의 지배를 받거나, 조합원 기반을 잃은 사업체가 시장에서 고군분투하다가 파산지경에 이른다.

누군가 내 처지를 잘 고려하고 내 마음을 잘 읽어서 내가 딱 원하는 대로 해주면 얼마나 좋을까마는 세상에 그런 사람, 그런 조직은 없다. 그리고 내 결정을 남에게 미룬다고 해서 내 책임까지 없어지지는 않는다. 이 세상의 변함없는 진리, '공짜는 없다'. 남에게 맡겨 잘되면 좋지만, 잘못될 수도 있다. 내가 참여하면 대박은 아니더라도 쭉 갈 수 있다. 나는 어떤 선택을 할 것인가?

2) 통제는 권리, 간섭은 오지랖

다른 측면에서 보면 조합원이 민주적으로 통제할 수 있도록 보장하는 협동조합은 참으로 시대정신에 맞는 선구적인 조직 형태라 할 수 있다. 금융자본주의가 발전하면서 투기가 만연해진 시장에서 기업들이 벌이는 행태를 보면 수긍이 갈 것이다. 기업주들은 책임도 못 지면서 고객이 맡긴 돈을 자기 돈처럼 굴려서 막대한 손해를 입히기도 한다. 공기업은 다양한 이해당사자들의 참여로 공공성을 보장하지 못하고 부정과 비리로 얼룩지며 세금을 낭비하고 있다.

이런 사태가 아니더라도 일반기업이나 공공기관의 상명하복, 권위주의는 청년들을 떠나게 만든다. 특히 최근에는 철밥통이라는 공무원직도 각종 부당하고 집요한 민원에 시달려 공시생이 줄어들고 있으며, 학교에서는 소비자주의에 찌든 학부모들의 교권 침해가 도를 넘었다고 전해진다.

협동조합의 민주주의는 소수의 전횡을 막고 다수의 이익과 권리를 보장하는 안전장치이자, 공정하고 평등한 문화로 개인을 존중하는 일터와 삶터의 모델하우스가 될 수 있다. 그러려면 협동조합의 민주주의는 참여와 돌봄이라는 원칙에 기반해야 할 것이다.

그런데 우리 일상의 많은 시간을 그렇지 않은 기업이나 기관에서 지내다 보니 나도 모르게 밖에서 배운 버릇이나 습관대로 협동조합에 임할 때가 있다. 주인노릇을 하지 않거나 주인노릇을 갑질로 혼동해서 간섭하고 참견하는 양극단을 보인다. 결사체 구조에서 조합원들은 임원들에게 맡기며 주인노릇을 방기하거나, 일부는 내가 주인인데 왜 내 뜻을 어기고 결정하느냐고 반기를 들기도 한다. 사업체에서는 제공된 서비스나 물품에 불만과 불평을 제기하지만 개선하기 위한 활동에는 참여하지 않는다. 조합원이 주인이고 직원은 주인이 월급 주는 사람이니까 아랫사람이라고 여겨서 지적하고 훈계하는 일도 벌어진다.

이렇듯 주인노릇의 기준이 들쑥날쑥하고 자의적이다. 하지만 협동조합의 민주주의가 모두를 주인으로 두는 까닭은 스스로 정책을 수립하고 의사결정을 하는 동시에 스스로 책임지는 역할을 하라는 뜻이다. 결정한 것이 제대로 집행되는지 함께 통제해서 문제가 발생하지 않도록 하되, 집행하는 사람에게 끼어들어 간섭하지 않는 절제가 필요하다. 너무 많이 하지도 너무 적게 하지도 않는 적정한 자리를 마련해 두었다.

밖에서 밴 습관이 쉽게 바뀌지는 않을 것이다. 그래서 힘들 수는 있지만 어려운 일은 아니다. 힘든 건 꾸준한 연습으로 극복할 수 있다. 어려운 건 나 때문이지 협동조합 때문은 아니다.

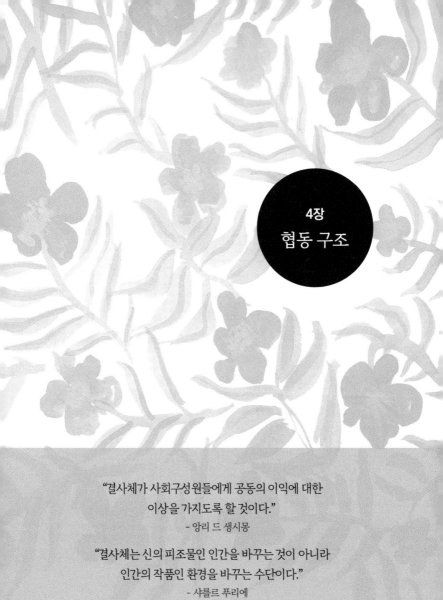

4장

협동 구조

"결사체가 사회구성원들에게 공동의 이익에 대한
이상을 가지도록 할 것이다."
- 앙리 드 생시몽

"결사체는 신의 피조물인 인간을 바꾸는 것이 아니라
인간의 작품인 환경을 바꾸는 수단이다."
- 샤를르 푸리에

* * *

집을 지으려면 설계도가 필요하다. 내가 직접 짓든 건축가
에게 맡기든 내 집을 지으려면 최소한 내가 설계도를 볼 줄 아
는 눈이 있어야 한다. 그래야 나중에 금이 가거나 물이 새면
어떻게 수리하고 고쳐야 할지 알 수 있다.

협동조합도 마찬가지다. 협동조합을 설립하는 일은 협동조
합이라는 집을 짓고 협동 구조를 설계하는 일이다. 그러려면
그 설계도를 그리고 볼 줄 알아야 한다. 협동조합 설계도의 기
본 틀이 되는 것은 협동조합의 정의와 가치와 원칙인 정체성
이다. 그러나 이것만 안다고 해서 우리가 원하는 협동조합이
라는 집을 지을 수 없다. 다른 사람들이 어떻게 짓는지 관찰하
고 집 짓는 일을 경험하면서 장비를 다루고 재료를 쓸 줄 알아
야 튼튼한 집을 지을 수 있다. 이렇게 경험하며 안목을 기르는
일이 앞서야 한다. 협동조합의 역사를 알고, 다른 협동조합을
조사하고, 조합원을 경험하는 일이 다 안목을 기르는 일이다.

1

협동조합의 운영과 경영

　20세기 대표적인 협동조합운동의 스승을 꼽으라면 나는 주저 없이 캐나다 출신의 레이들로(A. F. Laidlaw, 1907~1980) 박사와 프랑스 출신의 데로쉬(Henri Desroche, 1914~1994)라고 말할 것이다. 두 스승은 공통점이 아주 많지만 그중 으뜸은 현장에 기반한 협동조합 교육을 만들어 사람을 양성했고 ICA에서도 큰 역할을 했다는 점이다. 레이들로 박사는 1980년에 《서기 2000년의 협동조합》을 써서 불안한 시대에 협동조합의 비전을 제시했다. 데로쉬는 국내에 잘 알려지지 않았지만 ICA 차원에서 협동조합운동을 깊이 연구하고 강의했다. 1976년에는 《협동조합 프로젝트》*를 써서 조직으로서 협동조합의 설립

---

* Henri Desroche, Le Projet coopératif. Son utopie et sa pratique, Ses appareils et ses réseaux. Ses espérances et ses déconvenues, Éditions Ouvrières, 1976.

과 운영, 그리고 경영 문제를 다루었다.

데로쉬의 책에 각별한 의미를 두고 여기서 다루고자 하는 이유가 있다. 그동안 협동조합 이론이나 조직 분석이 대부분 경제학자가 중심이 되어 기업이론의 측면에서 이루어졌기에 결사체로서의 협동조합 특성이 고려되지 않았다. 그러니까 시장에 존재하는 기업으로서의 협동조합을 분석하는 데 그칠 뿐 사회에 존재하는 사람들의 결사체로서의 협동조합이 빠진 반쪽짜리 분석이었다. 바로 이 지점에서 데로쉬의 책은 협동조합 실전 현장에 도움이 되는데, 특히 '협동조합의 4변형'이라는 개념을 통해 협동 구조를 이해하고 설계하는 지침을 제공한다.

1) 협동조합 조직 분석의 도구 : '협동조합 4변형'

그동안 우리가 보아온 협동조합 조직도는 조합원을 맨 밑에, 총회를 꼭대기에 두고, 그 사이에 이사회가 있다. 그리고 이사회에서 줄을 내어 집행 단위인 사무국이나 각종 위원회를 배치하는 그림이다. 그런데 이런 수직적 위계를 나타내는 그림으로는 조합원에서 시작해서 조합원으로 끝나는 수평적 관계가 잘 드러나지 않는다는 문제의식을 가진 사람들도 있다. 일례로 의료복지사회적협동조합들*은 일본 의료생협에 영감을 받아 대안적인 조직도를 그렸다. 양쪽에 조합원을 두고, 그 사이에 총회와 이사회를 배치한다. 그리고 아래쪽에는 사업소, 위쪽에는 조합원 활동 단위나 조직으로 구분하는 방식이다.

가로든 세로든 이 조직도들은 협동조합의 조직 체계를 나타내지만 협동조합결사체와 협동조합사업체가 어떻게 돌아가는지 눈에 확 들어오지는 않는다. 게다가 협동조합을 구성하는 각 주체가 상호작용하는 협동 관계도 파악하기 어렵다. 반면, 데로쉬가 개발한 '협동조합 4변형'은 사업체라는 방편을 가진 결사체 구조가 작동하는 원리와 각 주체의 상호작용이 이루어지는 메커니즘을 파악하는 데 유리하다. 그래서 조합원이 협동조합의 기본적인 구조를 이해하는 데 도움이 된다.

데로쉬가 이런 모형을 짠 이유는 협동조합이 어떤 지배구조를 가지고 있는지 이해하고, 그것이 제대로 작동하지 않을 때 분석을 위한 도구로 활용하기 위해서다. 즉, 협동조합에 위기가 왔을 때 그것이 어떤 구조적 결함에서 발생한 것인지, 그리고 어떤 관계에 균열이 생겼는지 진단할 수 있도록 해준다. 그래서 그의 모형은 실제 운영에 다음과 같은 시사점을 제공한다.

첫째, 협동조합이 직면할 수 있는 위험이 있으며 그것은 협

---

* https://salimhealthcoop.imweb.me/group (2024.11.19 인출)

동 구조의 오작동에서 발생한다는 점이다. 대부분 처음 만들 때는 다 잘될 거라고 생각하지, 위험이 닥칠 수 있다는 생각을 하지 않는다. 그래서 위험에 따른 대비책도 마련하지 않는다. 하지만 사람들이 하는 일에는 실수와 잘못이 따르게 마련이어서 사람들의 결사체인 협동조합도 피해갈 수 없다. 봄에 장마철을 대비하고, 가을에는 혹한기를 대비해야 한다.

둘째, 오작동은 각 주체 간 균열이 생겼기 때문이므로 그 관계성을 정상화하는 방식으로 문제를 해결해야 한다는 점이다. 요점은 문제가 생겼을 때 조합원이 참여를 안 해서, 리더가 전문성이 없어서 등 니 탓 내 탓 하며 갈등을 일으킬 일이 아니라는 뜻이다. 사람 탓을 할 것이 아니라 우리 협동조합에 어떤 구조적 결함이 있는지 파악하여 해소해야 위기를 극복할 수 있다. "사람 고쳐 쓰는 거 아니다."라는 말도 있다. 협동조합 프로젝트가 인간 개조 프로젝트도 아니고, 조합원이 갱생하여 구원받자고 모인 사람들도 아니다. 위기를 극복하는 길은 협동에 있다. 각 주체가 상호작용하는 협동 구조를 회복하는 것이 탈출구다.

2) 협동조합의 두 축과 상호의존성

데로쉬의 모형은 결사체와 사업체인 협동조합의 특성을 반영하여 그 구조를 정책축과 경제축으로 구분한다. 협동조합을 떠받치는 두 기둥인 셈이다. 정책축은 의사결정을, 경제축은 집행을 맡으며 상호작용한다.

이 구조는 가족이 운영하는 기업을 생각해보면 이해하기 쉽다. 일단 가족을 형성하고 나서 먹고살기 위해 같이 회사를 차리거나 장사를 하는 경우를 생각해보자. 가족구성원으로서의 관계와 살림이 있고, 기업이나 장사하는 가게에서의 지위와 역할과 경영이 있다. 다시 말해 가정에서는 부부나 부모와 자식 관계라도 회사에서는 사장과 직원이 돼야 한다. 만약 직원이 많아서 부부가 공동대표가 된다 하더라도 기업이나 가게에서는 부부 관계가 아니라 동업 관계인 것이다.

보통 가족끼리 사업을 할 때 이 두 축을 혼동해서 분란과 갈등이 생긴다. 친구끼리 동업할 때도 마찬가지다. 공과 사를 구분해야 하는데 같이 사는 가족이다 보니 그게 어렵다. 협동조합에서도 마찬가지다. 협동조합결사체의 구성원으로서 모든 조합원은 평등한 주인이지만 협동조합사업체에서는 상사와 직원이 있고 조합원은 서비스 이용자나 소비자가 된다. 이것을 '조합원의 이중 자격'이라고 한다.

다음으로 데로쉬는 협동조합 내 관계를 책임과 역할에 따라 4개의 이해당사자로 구분한다. 먼저 협동조합 프로젝트의 출

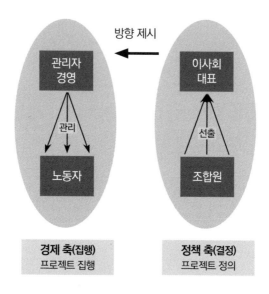

방향 제시	
관리자 경영	이사회 대표
관리	선출
노동자	조합원
경제 축(집행) 프로젝트 집행	**정책 축(결정)** 프로젝트 정의

발인 조합원, 프로젝트에 맞게 방향성을 수립하는 선출직 이사, 프로젝트의 집행을 위하여 선출직에 의해 지명되어 임금노동자에게 집행 방향을 제시하는 관리직 매니저, 프로젝트 집행을 맡은 관리직을 따라야 하는 임금노동자(실무자)이다. 이 네 이해당사자들이 협동조합의 4주체를 형성하며 상호작용하는 것이 협동 구조이다.

3) 협동조합 두 축의 균형과 4주체의 상호작용

협동조합은 조합원들이 만들지만 일단 설립하고 나면 집행을 전담하는 임금노동자인 직원이 결합한다. 협동조합의 구성원이 조합원과 직원이며, 이 두 구성원 사이에는 일반기업과 마찬가지로 노사관계가 형성된다. 그러나 노사관계가 협동조합의 기본 관계라고 할 수 없다. 왜냐하면 협동조합의 조합원은 주인이지만 생산자이자 이용자이기도 하고, 사회적협동조합의 경우 직원, 이용자, 자원봉사자까지 조합원이 될 수 있기 때문이다. 따라서 협동조합 안에도 노사관계가 존재한다는 것을 인식하되, 이것은 사업체로서의 협동조합 한 면만 고려한 관계라는 것을 염두에 두어야 한다.

협동조합의 기본 관계는 조합원과 임원, 관리자와 노동자인 4주체의 이해관계 속에서 파악해야 한다. 그래서 협동조합답게 운영하며 지속가능해지려면 이 4주체의 상호작용이 원활해야 한다. 가장 먼저는 조합원의 정책수립과 의사결정이 있어야 한다. 이 정책 축이 제대로 기능을 해야 경제 축도 돌아간다.

그런데 구조는 짜 두어도 마냥 생각처럼 잘 돌아가지 않는다. 이사회가 잘 모이지도 않고 제대로 보고하지 않아 정보가 부족하면 조합원들은 정책 수립과 의사결정을 하기 어렵다. 또는 이사회에서 수립한 정책을 집행 단위에서 제대로 실행할 능력이 없을 수도 있다. 집행을 책임지는 매니저와 노동자가 협동조합의 운영 원리를 잘 모르는 경우 이런 일이 흔히 발생한다.

그래서 데로쉬는 이 4주체 간의 균형 관계에서 균열이 생기는 상황을 '협동조합 4변형의 병리학'이라 불렀다. 병리학(病理學)이란 병의 원인을 찾아 연구하는 의학의 한 분야이다. 협동조합도 아플 수 있고 고장이 날 수 있다. '협동조합 4변형의 병리학'이란 이렇게 아프고 고장 날 때 원인을 진단하기 위한 청진기인 셈이다.

협동조합의 병리학은 크게 두 가지 양상으로 나타난다. 첫째는 경제 축과 정책 축 사이에 일어나는 '수직적 균열 상태'이다. 무관심하고 소극적인 조합원과 그로 인해 형식적인 회의 구조만 남은 이사회로 인하여 경제 축 중심으로 사업만 남은 협동조합의 경우이다. 둘째는 조합원과의 소통에 소극적이고 책무를 다하지 않는 이사회와 조합원 간, 관리자와 실무를 맡은 임금노동자 간의 괴리가 생겨 조합원에 의한 통제가 실현되지 않는 '수평적 균열 상태'이다. 이는 리더십의 위기를 뜻하며, 중장

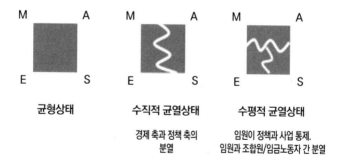

균형상태

수직적 균열상태

경제 축과 정책 축의
분열

수평적 균열상태

임원이 정책과 사업 통제.
임원과 조합원/임금노동자 간 분열

M:관리자 A:이사회 E:임금노동자 S:조합원

기적으로는 조합원의 충성도 약화와 이탈로 이어진다.

공동으로 소유되는 협동조합은 조합원들이 자본과 운영을 민주적으로 통제하며 주인노릇을 해야 정책 축이 탄탄해진다. 그러나 다수의 조합원이 무관심하거나 무임승차자가 되면 주인 없는 조직이 된다. '사공이 많으면 배가 산으로 간다'고 했다. 배가 산으로도 갈 수 있으니 얼마나 대단한가! 오히려 사공이 없는 배는 어디로 둥둥 떠내려갈지 모른다. 그러면 주인 없는 협동조합은 어디로 가게 될까? 조합원이 통제하는 정책 파트는 사라지고 집행책임자와 임금노동자인 실무자들이 핵심 운영 주체가 되어 사업파트만 남게 된다. 임금노동자가 협동조합의 주체가 되는 형국이다. 또는 기층 조합원 단위가 작동하지 않으므로 집행책임자인 매니저와 이사인 임원 중심의 상층 단위만 남아 소수의 음모적인 조직으로 전락할 수 있다.

4) 문제를 직면하지 않는 문화

선진국의 이른바 잘나가는 소비자협동조합의 100년 흥망성쇠를 다룬 책*이 있다. 그 역사를 다루고 분석한 연구의 결

---

* 《위기의 시대 : 1990년경의 소비자협동조합들과 그들의 문제》. Johann Brazda, Robert Schediwy(1989), 《A time of crises, consumer co-operatives and their problems around 1990》, ICA.

론에서 저자들은 실패의 중요한 이유를 꼽았다. 1950년대 ~60년대까지 부를 축적하다 보니 그다음엔 중대한 손실이 생겨도 간과하거나, 일시적인 현상으로 간주하거나, 아니면 외부적 요인(비우호적인 정부, 비즈니스 사이클, 소비패턴의 변화 등) 탓으로 돌린 것이 주요 이유였다. 눈 감고 무시하다가 나중에는 세상 탓을 하며 방치한 것이다. 문제가 생긴 초기에 온 힘을 다해 대처하지 않으면 나중엔 다루기조차 버거워져 손 쓸 도리가 없어진다.

이런 모습은 우리 주위에서도 흔히 볼 수 있다. 특히 토론회나 평가회 같은 자리에 가면 비우호적인 환경 탓으로 돌리는 목소리는 크고 자기성찰하는 목소리는 작다. 협동조합이 좋은 거라고 시작했으면서 잘 안 될 때는 협동조합이라서 잘 안 되는 거라고 한다. 내부를 들여다보며 문제를 살피고, 조직을 진단하며 협동 구조를 회복하는 일은 꺼린다. 직면하기 두려운 걸까?

그런 면에서 일본 노동자협동조합연합회의 경험은 건강한 협동조합의 모습을 보여준다. 그들은 경영 원칙을 수립하기 전에 자기성찰을 통해 부정적인 습성을 발견했다. "적당히 대충 일하고, 적자가 나도 반성하지 않고, 대표가 기업을 사유화하는 문화"다. 이후 그들은 노동자들간의 협동, 이용자와의 협동, 지역과의 협동이라는 새로운 경영 원칙을 수립했다.

손실이 생길 수도 있고 적자가 날 수도 있다. 하지만 그것을 예견했는지 못했는지, 혹은 예견하지 못했더라도 사후에 원인을 명확히 규명했는지 아닌지는 아주 다르다. 문제를 직면하지 않으면 말이 많아지고 수사가 화려해진다. 말로는 하룻밤 사이에 성을 못 지으랴? 그렇다고 금이 간 바가지가 새 바가지가 되진 않는다. 손실은 '악'이 아니니 숨길 필요가 없다. 하지만 방치할 경우 '해악'이 될 수 있음을 기억해야 할 것이다.

협동 구조를 만들고, 협동조합의 4주체가 상호작용하도록 운영하고, 문제가 생기면 그 구조에 어떤 균열이 생겼는지 살펴야 한다. 설령 외부 요인으로 어려움이 닥치더라도 결국 극복해야 할 주체는 조합원이다. 협동 구조가 튼튼한 협동조합은 그나마 손실을 적게 입고 회복력도 강하다.

필자가 지역의 사회적경제 조직의 지속가능성을 조사한 적이 있는데 그 결과도 동일하게 나왔다. 코로나 팬데믹을 거치면서 공연예술 분야 협동조합들이 큰 타격을 입었을 때다. 조합원들의 논의 구조가 안정적이고, 정기적으로 출자하며 사무국을 지키고 결속을 다진 협동조합은 함께 대책을 세우며 어려움을 극복하고 있었다. 반면, 자본 조성도 안정적이지 않고, 조합원들의 모임이나 안정적인 논의 구조가 없는 협동조합은 중심을 잃고 흩어져 휴면 협동조합이 되었다. 그러니 협동조합의 지속가능성과 회복력은 튼튼한 협동 구조에서 나온다는 사실을 잊지 말자.

2

운영 구조와 방식

협동조합을 비롯한 결사체 조직의 운영구조는 거의 다 비슷하다. 사람들의 결사체로서 협동조합의 처음도 사람이고 끝도 사람이다. 그러하기에 한 사람 한 사람의 생각과 의견이 중요하며 모두가 평등한 한 표를 가지는 민주적인 의사결정제도를 가지고 있다. 그런데 모두가 모여 의논하고 모두가 함께 일하고 모두가 함께 결정하지 않고 총회, 이사회, 대의원제도, 사무국 등을 두는 이유는 무엇일까? 그 각각의 역할은 무엇이며 서로 어떤 관계를 맺고 있는지 알아보자.

1) 총회(general assembly)
: 똑똑한 한 사람보다 모두의 눈과 귀가 더 소중하다

보통 총회를 최고의사결정기구라고 한다. 그래서 협동조합 조직도를 그리면 맨 꼭대기에 총회가 위치한다. 하지만 그 의미를 잘못 이해하는 경우가 많이 있다. 총회는 그야말로 협동조합이라는 회(會)의 사람들이 총집합하는 장이다. 총회는 위계구조의 꼭대기에 위치한 단위가 아니라 조합원의 총합이므로 조합원 한 명 한 명이 곧 총회의 구성원이 된다. 협동조합의 정체성에서 "민주적으로 통제되는 사업체를 통하여"라는 구절이 바로 총회의 의미를 설명하는 부분이다.

그런데 협동조합에 대한 세간의 평가와 연구 중 이 총회에 대하여 이상한 논리를 펴는 경우를 종종 볼 수 있다. 예컨대 협동조합은 '집단운영체제'이므로 전문성이 떨어지는 사람도 의사결정에 참여하며, 이로 인하여 의사결정에 시간이 많이 걸리고, 시간은 곧 돈이니 비용이 많이 들어 주식회사에 비하여 효율성이 떨어지는 단점이 있다는 것이다. 이는 한마디로 협동조합은 전문성 결여와 효율성 저하로 주식회사에 비해 돈을 더 잘 벌지 못할 수밖에 없는 구조적 약점을 지닌다는 뜻이다.

이런 지적에 대한 반론을 펴보자. 앞에서도 수차례 얘기했지만 협동조합은 돈을 많이 벌어 이익을 극대화하는 것이 궁극적인 목적이 아니라 지속적으로 조합원의 필요와 열망을 충족시키는 것이 목적이다. 그러니 주식회사보다 돈을 더 잘 벌고 못 벌고는 협동조합의 주된 관심이 아니라는 점을 전제하자. 그다음은 전문성과 효율성의 문제이다. 이 지점에 대해 서양철학의 위대한 스승 중 한 명인 아리스토텔레스는 '정치론(politika)' 3책 9장에서 총회의 의미와 중요성에 대해 이렇게 쉽게 설명하였다. "판단을 내리기 위해 단지 두 눈과 두 귀밖에 없으며, 행동하기 위하여 단지 두 발과 두 손밖에 없는 한 사람이 많은 조직구조를 가진 개인들의 모임보다 더 잘할 수 있을 것이라고 지지하는 것은 참으로 불합리한 듯하다." 아리스토텔레스의 말을 풀어보면 다음과 같다.

"모든 이들 중 가장 뛰어난 사람이라도 평범한 이들이 구성한 총회보다 더 나은 결정을 할 수 없다. 왜냐하면 총회는 가능한 한 가장 다양한 각도에서 문제를 살필 수 있기 때문이다. 그것은 수많은 사람의 경험이 만들어낸다. 각각 다른 경험으로 인해 다양한 관점이 생기는데 이것이 우정, 형제애 또는 사랑(philia)으로 결합된다. 이 과정은 과학보다 우월하다."

이렇듯 아리스토텔레스는 민주주의에서 집합적인 의사결정이 중요함을 강조한다. 그러한 과정을 통해 한 사람 한 사람의 주권이 실현되기 때문이다. 그런데 이를 두고 시간이 많이 걸린다거나 비효율적이며 비용이 많이 든다고 하는 논리는 민주적 운영을 돈의 가치로 판단하는 것과 같다.

그런데 아리스토텔레스의 말을 좀 더 자세히 살펴보면 더욱 중요한 사실을 발견할 수 있다. 그가 "두 눈과 두 귀에 근거해 판단하고, 두 손과 두 발로 행동한다"라는 표현을 쓴 까닭은 참으로 의미심장하다. 그것은 총회가 단지 1인 1표라는 의사 결정의 평등만을 의미하는 것이 아니라 모두의 눈과 귀를 열어 다양한 경험을 토대로 다각도에서 검토한다는 숙의민주주의(熟議民主主義, deliberative democracy)의 중요성을 일깨우기 때문이다. 또한 두 손과 두 발이라는 표현을 통해 뛰어난 한 사람의 전문성이 아닌 여러 사람의 행동(협동)이 더 나은 운영을 보장한다는 점을 시사한다.

우리가 건강하게 살려면 평소 잘 먹고 잘 자고 운동을 해야 한다. 하지만 몸 건강만이 아니라 마음 건강도 중요하기에 사람들과 잘 지내는 것 또한 건강의 필수 요소다. 그리고 잊지 말아야 할 것은 정기적으로 건강 검진을 받아야 한다는 사실!

협동조합도 마찬가지다. 건강한 협동조합이 되려면 총회를 통해 우리 협동조합의 건강을 체크해야 한다. 한 해 동안 우리는 잘 살았는지, 하려고 했던 건 다 했는지, 필요한 만큼 벌고 쓸 곳에 제대로 썼는지, 식구는 늘었는지, 일이 많아서 지치지는 않았는지, 두루두루 살펴서 내년엔 또 어떻게 살지 새로운 인생을 설계하는 장이 총회이다. 이런 의미에서 총회는 조합원들의 생각의 협동이 이루어지고 결집되는 장이라 할 수 있다.

이런 측면에서 그동안 연례행사처럼 치러진 총회에 방향 전환이 필요하다. 총회를 진정 조합원 참여의 장, 생각의 협동이 이루어지는 장으로 만들기 위한 개선 사항이다.

첫째, 사업 위주의 평가와 계획수립을 줄이고, 함께 무엇을 하고자 했는지를 확인하며, 그 생각의 편차와 상이한 이해 지점을 먼저 짚어보는 시간이 있어야 한다. 사업을 나열하여 수치로 성과를 평가하는 것은 생각을 방기하는 것이고, 생각을 방기하면 그 활동의 주체인 '나'가 없어진다. '나'가 없어지면 나로부터 시작하여 관계로 이루어지는 결사체는 약화된다. 그러니 내가 무엇을 하고자 했고, 함께 무엇을 하고자 했는지 늘 짚어보며 실천과 생각, 나와 우리를 동시에 사고하는 문화를 만드는 것이 필요하다.

둘째, 총회에서 한 해 계획을 수립해야 하지만 그렇다고 총회가 사업계획서를 작성하는 시간은 아니다. 가장 중요한 것은 건강 검진하듯 우리가 협동조합을 제대로 하고 있는지 점검하는 일이다. 빽빽한 문서에 작성된 예산과 결산, 사업계획은 총회 전에 보고 받고 설명을 듣고 검토해서 총회 때는 의결할 준비를 마쳐야지 그 자리에서 시작할 일은 아니다. 그보다는 협동조합의 원칙에 따라 운영되는지, 협동 구조에 결함은 없는지, 4주체는 상호작용을 하는지 진단해서 우리의 건강 상태를 확인해야 한다.

총회가 최고의사결정기구라고 해서 결정만 하는 회의로 채운다는 고정관념을 버리면 좋겠다. 결정은 긴 과정의 결과이다. 그걸 총회에서 한 방에 끝내려다 보니 지루하거나 안건을 대충 통과시키는 총회가 될 수 있다. 함께 의사결정을 했더라도 실행에 들어가서는 몇 사람만 아등바등하거나 서로 삐거덕거리게 되는 이유다. 그러니 모두의 눈과 귀가 모여 모두의 생각이 협동하는 자리로 총회를 새롭게 해보면 어떨까?

2) 이사회(board of directors)
: 조합원의 길잡이

이사회는 글자 그대로 협동조합이라는 회(會)의 일을 바르게 이끌 지도자들의 모임이다. 우리가 보통 임원이라고 하는 이사와 감사 등으로 구성되는데 평상시의 운영책임단위라고 할 수 있다.

여기서 중요한 것은 이사회는 명망가나 전문가들의 집단이 아니라 협동조합을 바르게 이끄는 사람들로 구성되어야 한다는 점이다. 그래서 이사들은 조합원에 의해 선출된다. 이런 점에서 이사의 가장 기본적인 자질은 자신이 속한 협동조합의 목적과 운영 방식에 대해 어느 누구보다도 잘 알고, 그렇게 되기 위해 조합원들의 필요와 열망이 무엇인지 항상 우선적으로 살피는 것이다.

협동조합을 비롯한 결사체 조직의 이사직은 사업의 집행을 책임지는 상임이사나 집행위원장과 같은 직위를 제외하면 주로 자원봉사로 활동한다. 그래서 이사직은 대표적인 조합원 노동의 협동 사례이며, 그 노동은 조합원들의 생각의 협동을 조직하는 일이라 할 수 있다.

그런데 이런 이유로 이사는 시간이 많은 사람이 할 수밖에 없다거나 전문성을 가진 사람이 해야 한다는 등 자격 요건에 대한 의견이 분분하다. 하지만 이사회의 본질적인 임무는 바르게 이끄는 것이므로 특정한 하나의 능력만 요구되지는 않는다. 대외적으로 조직을 대표하는 대표성, 조합원을 대의하는 대의성, 조합원의 결정 사항을 집행할 수 있도록 기획하는 전문성이 요구된다. 이사 한 사람이 이 모든 능력을 갖출 수 없기에 다양한 사람들로 구성되는 것이다.

특히 이사회 구성에서 조합원을 대의하는 대의성이 중요하다. 예컨대 사회적협동조합과 같이 다중이해당사자* 구조를 가지는 협동조합은 각 조합원 유형을 대표하는 이사를 최소한

---

* 한국의 협동조합기본법에는 다중이해관계자협동조합으로 되어 있지만 정확한 명칭은 다중이해당사자(multi-stakeholder)이다. 즉 노동자, 소비자, 자원봉사자 등 동일한 이해를 가진 한 가지 유형의 조합원만으로 구성되지 않고 세 가지 이상의 조합원 유형으로 구성되는 협동조합이다.

한 명 이상 두어야 한다. 그리고 아무리 특정 유형의 조합원이 많다 하더라도 그 수는 전체 이사회의 과반을 넘지 않도록 함으로써 특정 유형의 조합원들의 이해가 과도하게 반영되는 것을 방지할 수 있다. 따라서 조합원 유형을 기준으로 한 이사뿐 아니라 성별이나 연령 등 조합원의 특성을 반영한 이사가 포함될 수 있도록 하는 것이 좋다.

조합원 유형이 단일한 협동조합의 경우 조합원의 성별이나 연령, 조합원의 처지와 조건을 고려하여 고루고루 대의하는 배려가 필요하다. 문화예술 분야라면 종사자의 기능별로, 돌봄 분야라면 제공하는 서비스별로, 사업자협동조합이라면 생산이나 판매하는 물품과 더불어 규모 또한 고려되어야 할 것이다.

2원칙에도 나와 있듯이 선출직으로서 이사회의 가장 기본적이고도 중요한 책무는 보고(report)이다. 총회에서 살펴본 것과 마찬가지로 이사회 또한 조합원에 의하여 민주적으로 통제되어야 하며, 이를 실현하기 위해서는 기본적으로 이사회의 논의와 결정사항이 조합원들에게 투명하게 공개되어야 한다. 조합원은 이사회의 보고를 확인해야 하며, 필요하다면 설명이나 해명을 요청할 수 있다.

이를 위해 이사회는 조합원들의 생각의 협동을 조직하여 정책 수립과 의사결정의 기반을 마련하는 개방적인 기구가 되어야 한다. 그런데 이사회 운영의 관행을 보면 다소 폐쇄적으로 운영되는 경우가 있다. 그래서 자기들끼리 회의 일정과 안건을 잡고 회의 결과를 조합원에게 공개하지 않으며, 공개하더라도 무슨 말인지 알 수 없도록 대충 정리하거나 일부는 누락하기도 하며, 공개 후 조합원의 질의나 의견을 듣는 창구를 마련해두지 않는다. 이런 관행은 선출직으로서 이사의 임무를 소홀히 여기는 태도다.

이사회는 '이사들끼리의 모임'이 아니다. 그러므로 회의 일정과 안건을 공개하여 필요하다면 조합원들이 참관할 수 있도록 해야 한다. 그리고 다루어야 할 안건도 조합원이나 직원이 제안할 수 있어야 한다. 회의 후에는 바로 정리하여 참여한 이사들의 확인을 거친 후 모든 구성원이 볼 수 있도록 회의록을 공개해야 한다. 그리고 회의록은 언제든 열람할 수 있도록 조합의 온라인 카페와 같은 안정적인 곳에 비치해두어야 한다. 이와 관련해 ICA 안내서 18쪽에는 분명한 지침을 제시하고 있다.

"협동조합 선구자들의 전통에 따라 선출된 대표자들은 정기적인 회계 상태, 재무보고서, 사업성과보고서를 조합원들이 열람할 수 있도록 비치해야 한다. 그리고 보고서는 정규 재무교육을 받지 않은 조합원들이 이해할 수 있도록 작성되어야 한다. 또한 선출직들은 총회 또는 여타의 조합원들의 모임에서 선출된 대표자들로서 해야 할 일과 집행 상황을 보고하고 설명해야 한다."

반면 조합원들은 이사회가 제대로 운영될 수 있도록 자기 역할을 해야 한다. 많은 조합원이 이사회를 경영책임자라고 간주하며, 자신은 조직의 운영에 관심을 가지지 않고 참여하지도 않으면서 이사회가 모든 것을 알아서 해주기를 바라는 경우를 볼 수 있다. 이는 주식회사에서 회사의 속사정을 알 필요가 없이 투자 수익만을 노리는 주주의 자세이지 협동조합 조합원의 자세는 아니다. 이사회가 협동조합을 바르게 이끄는 책임이 있다 하더라도 조합원을 대신하는 것은 아니기 때문이다. 민주적 운영은 오고 감, 순환의 과정으로 실현되는 것이지 총회에서의 한 표가 보장해주는 것은 아니란 점이 협동조합 민주주의의 특성이다.

3) 대의원(delegates)
: 협동조합의 근력 담당!

조합원 규모가 큰 협동조합에서 2원칙 '조합원에 의한 민주적 통제'는 항상 큰 숙제다. 그래서 직접 민주주의를 하지 않고 대의원제도를 두고 대의원총회를 개최한다. 그러니까 대의원은 이사회와 평조합원을 매개하는 연결고리인 셈이다. 그런 만큼 대의원은 우리 몸의 근육처럼 신체의 각 부분에 고루고루 퍼져 있어야 하며, 근육을 키워야 힘을 쓸 수 있듯이 대의원이 탄탄해야 협동조합이 힘을 쓸 수 있다. 그래서 작은 협동조합에서 조합원의 유형이나 특성을 반영하여 이사를 구성하듯이 큰 협동조합에서는 대의원을 고루고루 선출해야 한다.

그러면 대의원으로서 해야 할 가장 중요한 역할은 뭘까? 협동조합의 정체성에 비추어 보자면 조합원을 대의하여 2원칙인 '조합원에 의한 민주적 통제'에 나와 있는 정책 수립과 의사결정에 적극적으로 참여하는 일이다. 앞서 1장에서 협동조합의 세 가지 화두에서 살펴본 것 중 두 번째 화두인 '어떻게 협동할 것인가?' 하는 문제를 다루는 단위라고 할 수 있다. 그래서 대의원의 가장 큰 역할은 조합원들의 생각의 협동을 조직하는 것이다.

예컨대 자본의 협동은 출자하고 증자하고, 조합비를 납부하거나 기금을 조성하는 일이다. 그런데 누구는 증자하고 누구는 안 하는 이유는 뭘까? '돈이 없어서'라고 생각하는 사람은 거의 없을 것이다. 그리고 노동의 협동은 전화 문의 담당이나 조합원 안내, 교육이나 행사 등 운영지원, 사무실이나 사업소의 청소나 물품 관리, 조합의 소식지 제작과 배포 등 아주 많은 자원봉사가 있다. 그런데 왜 대의원이 되어서 노동을 협동하고자 하는 사람이 드물까? 시간이 너무 없어서일까?

자본과 노동의 협동이 안 되거나 어려운 이유는 바로 생각의 협동이 제대로 되지 않았기 때문이다. 대의원은 먼저 이사회나 총회의 결정을 잘 따르고 가까이 있는 조합원에게 알려주는 사람이어야 한다. 그러나 따르거나 알려주기만 할 것이 아니라 대의하는 조합원들이 구체적으로 어떻게 협동을 할 수 있을지 그들과 함께 생각의 협동을 일으키는 사람이 되어야 한다. 이것이 조합원과 가장 가까운 곳에 있는 대의원이 해야 할 역할이다.

그러면 대의원은 어떻게 생각의 협동을 이끌어낼 수 있을까? 그 실마리는 세 번째 화두에서 찾을 수 있다. 조합원이 주인노릇을 한다는 것은 그냥 가입해서 출자하고, 물품을 이용하고, 때로 소모임에 '참여'하거나 총회에 참석하여 손들고 투표하는 것만을 의미하지 않는다. 그것은 여전히 객으로 머물러 있는 것이지 온전한 주인의 자세가 아니다. 온전한 주인노릇을 하려면 우선 내가 공동으로 소유한 이 협동조합이 무엇을 어떻게 협동하는지 제대로 알고 있어야 하며, 그에 기초하여 의사결정을 할 줄 알아야 한다. 그러므로 대의원은 이 세 가지 화두를 가지고 조합원을 만나는 사람이라 할 수 있다.

그 이전에 가장 단순하지만 무엇보다도 중요한 실천은 내 옆의 사람을 만날 때 '그 사람과 어떻게 협동할 것인가'라는 생각으로 만나는 마음자세를 가지는 것이다. 너는 이래서 나와 다르고, 너는 저래서 나를 불편하게 한다는 마음이 일어날 수 있다. 사람인지라. 그렇다 하더라도 잊지 말자. 우리는 협동하기 위해 협동조합을 만들었다는 사실을. 그리고 대의원은 그 마음과 자세를 가지고 널리 퍼져 있는 조합원들에게 말을 걸고 다가가는 첫 번째 사람이라는 것을!

4) 조합원 모임

: 자치하는 협동조합의 뿌리

아리스토텔레스가 아들을 위하여 쓴 책《니코마쿠스 윤리학》*에는 '우정에 대하여'라는 편이 있다. 그는 우정에 대해 한 부분을 할애할 정도로 정치공동체에서 우정은 정의에 앞설 만큼 중요하다고 여겼다. 이 책에서 아리스토텔레스의 책을 많이 인용하는 이유는 그 철학자의 사상을 토대로 오늘날의 협동조합과 같은 결사체 조직의 이론이 만들어졌기 때문이다.

그는 "우정과 정의는 같은 대상과 관련되어 있고 같은 사람에게 적용된다. 모든 결사체에서 어느 정도의 정의와 우정을 발견할 수 있다. 당신과 함께 항해하고, 전쟁터에서는 당신의 곁에서 싸우는 사람을 친구로 여긴다. 한마디로 말하면 어떤 종류의 결사체든 당신과 함께 있는 사람들을 친구로 대하는 것이다. 결사체가 넓어질수록 우정의 척도도 넓어진다."(339

---

* Aristote, 《Ethique à Nicomaque》(1992), Le LIVRE DE POCHE.

쪽)라며 결사체와 우정의 관계에 대해 썼다. 또한 같은 책 318쪽에서 그는 "여행을 해본 사람이라면 누구나 볼 수 있었을 것이다. 도처에서 사람이 얼마나 다른 사람에게 좋은 친구가 될 수 있는지"라는 글로 모르는 사람이 친구가 되는 관계에 대한 통찰을 담기도 했다.

아리스토텔레스의 글을 길게 인용한 이유는 이렇다. 협동조합에서 조합원들은 친구 사이, 언니 오빠나 형 동생 사이가 되는 것이다. 그래서 상호부조를 목적으로 하는 공제조합을 영국에서는 friendly society, 즉 우애조합이라고 부른다. 피로 맺어진 인연도 아니고 결혼과 같은 제도로 맺어진 관계는 아니지만 서로가 서로에게 가족과 같은 든든한 울타리가 되어주는 조합, 그러나 그 안의 사람들은 직업이나 신분, 학력과 상관없이 평등하기에 우정의 관계가 된다.

협동조합의 설립 초기에는 조합원들끼리 잘 아는 사이다. 하지만 시간이 지나며 사업이 확대되고 조직이 커져 조합원이 늘어나면서 모르는 사람이 많아진다. 그러다 보니 서로 생각의 협동을 이루어내기가 어려워지고, 하나둘 멀어지게 되는 경우를 많이 볼 수 있다.

여기에 조합원 모임의 의의가 있다. 회의 때 만나 몇 시간 토론한다고 금방 생각이 모아지지 않는다. 평소에 저 사람은 무엇을 좋아하고, 어떤 조건에 처해 있는지 알아야 그 사람의 생각이 이해되고 납득이 될 것이다. 그러니 만나서 같이 책을 읽고 춤을 추거나 등산을 하며 취미 생활을 즐기기도 하고, 생산지 방문도 가고, 살림살이나 돌봄의 고충을 나누며 같이 놀기도 하고, 이렇게 서로를 돌보고 보살피면서 일상을 공유하는 만남이 중요하다.

조금 더 지평을 넓힌다면 다른 협동조합의 조합원들과 만나서 우리 지역의 쓰레기 문제나 기후위기에 대응하는 실천을 나누고, 굶는 아이나 돌보는 사람이 없는 어르신들의 보살핌 문제 등에 대해 얘기하며 서로 돌보는 지역공동체의 꿈을 키울 수 있을 것이다. 7원칙 '지역사회에 대한 고려(참여의식)'뿐 아니라 6원칙 '협동조합 간 협동' 또한 조합원 소모임으로 할 수 있는 일이다.

아리스토텔레스가 여행이라는 표현을 쓴 이유는 이 때문일 것이다. 그는 먼 길을 가기 위해 한 배를 타고 가면 상인들과도 친구가 된다고 하였다. 그렇게 사람을 사귀고 친구가 되는 것은 시간이 걸리는 일이다. 협동조합에서 조합원 모임은 회의나 토론을 통해서만은 알 수 없는, 사람을 이해하는 과정이다. 삼삼오오 어울려 이런저런 공통의 활동을 하고 공통의 기호를 발견하면서 서로를 알아가며 '공동의 것(commons)'을 넓히는 과정이다.

이 삼삼오오는 시간이 지나면 확대될 수도 있고 소멸되어 또 다른 삼삼오오가 만들어질 수도 있다. 그렇게 관계에 기반한 활동을 하는 것이 협동조합이며, 이러한 모임이 잘 운영되면 대의원제도나 이사회, 총회 또한 잘 운영될 가능성이 커진다. 왜냐하면 우리는 모르는 사람을 배려하기 어려우며, 그럴 때 논의하여 결정하는 것도 참 어렵기 때문이다. 그래서 조합원 모임은 자치하는 협동조합의 뿌리가 된다. 세종이 훈민정음에 쓰시지 않았는가. "불휘 기픈 남간 바라매 아니 뮐쌔, 곶 됴코 여름 하나니."

5) 이사, 대의원, 조합원을 가로지르는 위원회와 자치

협동조합의 운영구조를 조사해보면 대부분 위원회를 두고 있다. 보통은 각 위원회에 이사와 대의원과 평조합원이 참여하고 실무자가 보조하는 역할을 한다. 이렇게 보면 위원회는 대의기구는 아니지만 이사회와 대의원회와 조합원을 가로지르는 통합기구라고 할 수 있다. 그런 측면에서 위원회의 위상과 성격을 정립할 필요가 있다.

먼저 위원회의 성격은 결사체와 사업체의 운영과 경영에서 특정한 사안을 다루기 위해 각 단위의 주체들이 결집하는 자치기구이다. 그리고 그 목적은 첫째, 대의원이나 이사 등 선출직들만이 아니라 평조합원들과 소통하며 의견을 수렴하고 제안하기 위함이다. 둘째, 조합원이 참여하여 자치하는 조직 문화를 만들기 위함이다. 그래서 교육위원회, 경영위원회, 소통위원회 등 상시적인 위원회도 있고, 긴급하게 대책을 마련하거나 특별한 문제를 해결하기 위해 한시적으로 두는 위원회도 있다. 기본적으로는 개방적인 구조를 가지며 참여와 숙의 민주주의를 이루기 위한 장이라고 할 수 있다.

이런 측면에서 위원회가 활성화되려면 운영의 원칙이 필요하다. 우선, 큰 협동조합은 기본적으로 모든 대의원이, 작은 협동조합은 모든 조합원이 관심 있는 하나의 위원회를 선택하여 소속 위원회를 통해 참여하도록 하는 것이 좋다. 왜냐하면 대의원이든 조합원이든 매번 모든 사안에 대해 고민하고 의논하기 어렵기 때문이다. 그보다는 자신이 선호하는 주제나 관심사를 다룰 수 있도록 집중하는 것이 편하다. 더구나 많은 조합원이 어디에도 소속되지 않기에 고립되거나 멀어지는 경우가 많다. 꼭 적극적으로 참여하지 않더라도 느슨한 관계망 속에 있으면 협동조합과의 연결성을 가질 수 있다.

두 번째 원칙은 위원회는 자치기구이므로 스스로 운영 방식을 정하는 자율성을 가지고, 결정한 사안을 직접 집행하는 실행력을 갖출 필요가 있다. 만약 위원회가 의논만 하고 결정한 것을 실무자에게 떠넘기거나 이사회에 요청만 한다면 위원회는 일거리만 만드는 부담스러운 기구가 될 수 있다. 이사회에 보고하고 실무자에게 도움을 요청할 수 있지만, 되도록 의논하고 계획하고 실행하는 자기 완결성을 가지는 자치기구로서 자리 잡도록 해야 할 것이다.

협동조합의 정의에서 "공통의 필요와 열망을 충족시기기 위해"라고 되어 있듯이 조합원은 늘 머물러 있는 존재가 아니라 계속 변하여 새로운 필요와 열망이 생길 수 있다. 그것을 모두 협동조합이 제공하는 서비스로 만들어 거래할 수 없을 것이다. 그러므로 위원회를 통해 조합원의 필요와 열망이 말해지고, 그 안에서 공통의 것을 찾으며 스스로 해결하는 주체로 성장하는 경험을 할 수 있을 것이다.

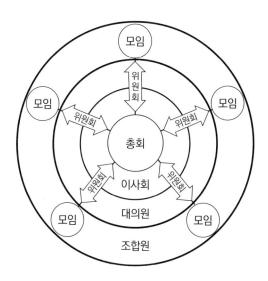

6) 주인을 만드는 리더십

협동조합이든 아니든 사람들이 종종 착각하는 것이 있다. 리더를 임원이나 이사장과 동일 인물로 생각하는 경향이다. 하지만 리더는 꼭 선출된 사람을 의미하지 않는다. 리더는 시대와 사회를 읽고, 거기서 어떤 방향을 세우고, 그에 맞는 활동을 찾아 함께 가자고 제안하는 사람이다.

그리고 민주적 운영과 리더십도 다르다. '우리가 뭐할까요?'라고 묻는 것은 의견수렴이지 리더십이 아니다. 왜냐하면 현재 대다수 조합원은 그냥 이용하는 소비자에 머물고 있다. 자기 밥벌이가 따로 있고, 자기 생활의 근거가 다른 곳에 있지 협동조합에 있지 않다. 그리고 그들의 생각은 동일하지 않고 조직 전체가 어떻게 운영되는지를 잘 모른다. 단지 의견과 바람이 있는 정도라 할 수 있을 것이다. 그러니 이들의 의견을 다 수렴한다고 전체 방향이 나오지 않는다. 민주적 의사결정 구조로 리더십의 부재를 극복할 수 없다.

정치결사체든 협동조합결사체든 많은 조직이 정체성의 위기를 겪거나 침체되는 경우가 많다. 그런데 잘 보면 이러한 문제를 해결하는 데 들이는 노력에 비해 문제는 여전히 답보상태이거나 되려 회의에 빠져드는 결과가 발생한다. 퍼실리테이션, 워크샵, 교육 등 제안된 다양한 도구를 활용하기도 한다.

이런 직간접적인 다양한 민주적인 의사결정 과정을 거치고 함께 모여 의논하여 문제점을 찾아내고 개선 방안을 모색하지만 왜 돌파구가 보이지 않을까?

투표로 대표를 뽑거나 책임자를 정한다고 될 일이 아니다. 리더십의 부재란 무엇을 어떻게 끌고 갈 것인가 하는 전망과 더불어, 그것을 실행에 옮길 계획을 세우고 그에 따라 사람을 조직해 들어가는 힘과 능력을 갖춘 사람이나 사람들의 집단이 없다는 뜻이다. 그러하기에 조화와 균형만이 미덕이 아니다. 직면하여 드러내고, 서로 각을 세우며 부딪히고, 거기서 설득과 설복의 과정을 거치며 침투해가는 과정, 그 역동적인 흐름이 생겨날 때 현상 유지와 지리멸렬한 운영에서 탈출할 수 있다.

이 또한 생각의 협동이지 다툼이 아니다. 민주주의는 반대할 수 있는 권리를 주는 제도이다. 그래서 동의가 안 되고 납득조차 되지 않으면 굽히지 않아도 된다. 하지만 고집부리는 것과는 다르다. 주장이 아니라 근거를 제시해야 하며, 가능한 합의점을 모색하겠다는 자세로 임해야 한다. 협동은 나와 너의 차이에서 시작하여 그 거리를 좁히는 과정이다.

이 모든 과정을 똑바로 보며 직면하고자 마음 단단히 먹는 그 사람, 한 시기나 한 철 동안 역할을 떠맡는 것이 아니라, 한 단계를 뛰어넘고 새로운 역사를 쓰고자 하는 데 필요한 준비를 하는 사람, 그 사람이 리더다.

앞서 언급했듯이 리더와 매니저인 경영자는 다르다고 했다. 매니저는 지위에 의해 부여되고, 리더는 사람들을 조직하여 스스로 역할 하는 사람이다. 통합성과 중심성을 가지지 않으면 리더라고 할 수 없다. 그러므로 리더는 꼭 한 사람이 아니라 여러 사람일 수 있으며, 협동조합의 다양한 활동의 장에서 길러질 수 있다.

예컨대 많은 의료사협에서 건강리더를 양성하고 있다. 그들을 리더라고 부르는 것은 우선 스스로 그 역할을 하고자 하는 의지가 있고, 조합원이나 지역사회 주민들과 만나 모임을 조직하며, 때로는 물질적인 보상이 주어지지 않더라도 그 활동 자체에서 보람과 의미를 찾고 자신이 성장하고 있다는 생각을 하기 때문이다. 의료사협이 활력을 가지고 지역사회의 신뢰를 얻는 데는 이 리더들의 역할이 아주 컸다.

그런데 조합원이 주인노릇을 잘 하면 꼭 리더십이 따로 필요할까 라고 생각할 수 있다. 하지만 리더는 자기 역할만 잘하는 사람이 아니다. 총회에서 조합원모임까지 전체를 꿰뚫어 보며 중심을 잡고, 미래를 위한 방향을 세우는 사람이다. 그래서 조합원들이 가야 할 방향으로 가도록 안내하는 나침반 역할을 하며 조합원들에게 미래를 보여주어야 한다.

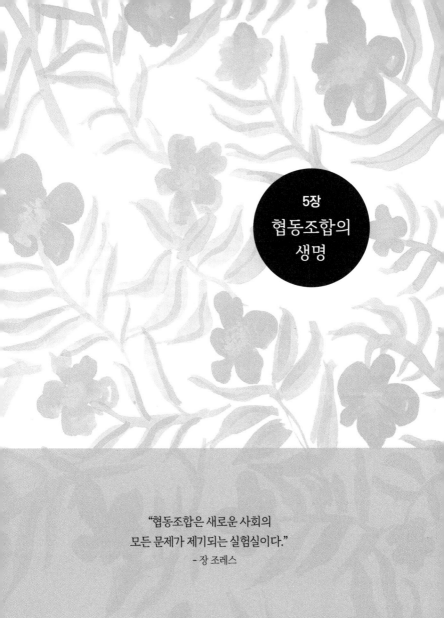

5장
협동조합의
생명

"협동조합은 새로운 사회의
모든 문제가 제기되는 실험실이다."
- 장 조레스

* * *

"협동조합은 새로운 사회의 모든 문제가 제기되는 실험실이다."

위로가 되는, 아니 협동조합에 대해 새로운 시각을 제시해주는 정치인이자 평화주의자인 장 조레스(Jean Jaurès)의 말씀이다. 우리는 협동조합을 대안경제, 오래된 미래 등으로 부르면서도 그 존재를 현재의 틀에만 가두는 측면이 있다. 그래서지금 세상은 자본주의이고 경쟁의 원리가 지배하기에 협동이어렵고, 협동조합 경영은 더 어렵고, 그래서 지원이 필요하다는 논리로 결론을 맺기도 한다. 이런 시각으로 협동조합을 본다면, 협동조합이란 시대에 맞지 않는 부적응자이며, 불리한조건을 극복하려면 지원이 필요하다는 '보호주의' 입장을 가질 수밖에 없을 것이다. 이 얼마나 모욕적인 발언이며, 비참한시선인가?

그래서 장 조레스의 이 말이 반가운 것이다. 새로운 사회는어느 날 뚝 떨어지는 것이 아니라, '지금, 바로 여기서' 시작될 것이다. 미래 사회에서 제자리를 찾기 위하여 지금 협동조합은 여러 가지 실험을 하고 있다. 그래서 협동조합의 목표는'현재 사회에 적응하는 것이 아니라, 다른 가능성을 여는 것'이라고 할 수 있다.

같은 맥락에서 레이들로 박사는 《서기 2000년의 협동조합》에서 "협동조합의 참된 목적이 무엇인가?"를 물었다. 그리고 "협동조합이 다른 종류의 기업과 마찬가지로 상업적 의미에서 성공한 것 이상 이룬 것이 없다고 하더라도 그것으로 충분한 것인가?"라며 문제를 제기했다. 그는 "다른 길을 선택하여 다른 종류의 경제적·사회적 질서를 새로 창조해 가면 안 되는 것인가?"(6~7쪽)라며 화두를 던졌다.

그래서 이 책의 마지막 장에서는 협동조합의 생명력을 이야기하고자 한다. 생명력이란 자신을 지키는 힘이다. 생존 능력을 가져야 하고, 그것을 지속할 수 있어야 한다. 그래서 미래를 위해 지속가능한 협동조합결사체의 모습을 함께 그려보기를 제안한다.

1

나다운 협동조합

협동조합은 하나의 이념이나 신념에 기반하지 않는다. 사는 곳, 하는 일, 생활수준 등이 영향을 미치기도 하지만 설립한 사람들이 어떤 경험을 하며 무엇을 열망하는지가 협동조합의 문화를 만든다. 그래서 협동조합은 7가지 무지개를 상징으로 쓴다.

협동조합은 소비자협동조합이냐, 노동자협동조합이냐 하는 유형에 따라 구성원이 다르고 운영 방식도 차이가 난다. 그래서 우리에게 맞는 옷이 어떤 것인지 잘 알고 선택하는 것이 중요하다. 그리고 협동조합을 협동조합답게 운영할 수 있도록 협동조합의 정체성을 잘 알아야 한다. 하지만 협동조합을 지속가능하게 하는 것은 '나다운 협동조합'의 문화를 만들고 지키는 힘이다. 왜냐하면 협동조합은 사람들의 결사체이기 때문에 그 사람들이 가진 경험과 지혜와 관계망이 협동의 자원이 되기 때문이다.

같은 의료사협이지만 어느 지역에서 누가 주축이 되어 설립했느냐에 따라 다른 문화를 가진다. 어디는 지역화폐 활동을 하다가 만난 사람들이, 또 어디는 장애인 단체와, 또 다른 곳은 여성주의를 표방하며 가장 약한 사람들과의 연대를 실현하고자 한다. 이것이 결속하는 계기가 되었으며, 공통의 정체성이 되었고, 어려울 때 그 힘을 발휘하여 위기를 극복한다.

서울 은평구에 있는 살림의료사협은 설립 초기부터 '좋아랑'이라는 조합원 자원봉사 프로그램을 운영했다. 그러한 경험이 있어서인지 필자가 《깊은 협동을 위한 작은 안내서》를 발간하자마자 노동의 협동을 진지하게 고민했고, 2021년에는 '노동의 협동으로 생동하는 살림'이라는 기치 아래 전면적으로 노동의 협동을 실천하기 위해 노력했다. 그뿐 아니라 여성주의에 기반하기 때문에 가족관계에서 돌봄에서 소외되거나 희생한 조합원들의 경험을 나누며 서로 공감대가 형성되고 사회적 약자에 대한 돌봄에 적극적이다.

비단 살림의료사협만이 아니라 서울과 지역의 의료사협들은 노동의 협동을 주요한 과제로 두고 조합원들에게 어떤 노동의 협동을 제안할 것인지 고민한다. 그 또한 협동조합의 특성에 따라 발명하는 자리가 다르다. 전주의료사협은 지역의 독거노인이나 소외계층을 위한 밥상차림에 적극적이다. 서울 노원구의 함께걸음의료사협은 장애인 돌봄을 비롯하여 거동이 불편한 노인들의 건강걷기 사업으로 지역사회에서 종횡무진 활약을 한다.

또한 서울의 함께주택협동조합이나 민달팽이주택협동조합은 자치회를 두어 스스로 관리하는 체계를 만들었다. 특히 민달팽이주택협동조합은 청년들의 주거권 확보를 실현하기 위해 설립되었지만 함께 사는 문화를 중시한다. 그래서 '평등문화규약'을 만들었고, 모든 조합원은 이 교육을 받아야 한다. 청년들의 감수성이 발휘되어 조직의 문화를 만든 사례이다.

이처럼 협동조합이 어떤 조직을 만들 것인가 하는 상(像)이 어떤 조직문화를 만들 것인가로 이어지고, 그것은 어떻게 생각을 협동하여 노동과 자본을 협동할 것인가 하는 질문으로 발전한다. 즉 공통의 정체성에 따라 협동조합의 상이 달라지고, 그에 따라 세 가지 협동은 구체적인 실천으로 발전할 수 있다.

그러므로 협동조합의 운영원리를 알아서 협동조합다운 협동조합을 만들고, 우리가 만들고자 하는 협동조합의 상을 그려서 나다운 협동조합을 만드는 것이 협동조합의 생명이다. 함께 그리는 그림이 있을 때 모양과 색깔의 다름은 문제되지 않는다. 깨진 조각으로도 아름다운 모자이크가 완성될 수 있지 않은가?

2

서로 돌보는 조합원

"농촌과 도시가 서로 나누는 운동이 기본이지만, 이 운동이 단순히 물건을 나눠먹는 차원에서만 그쳐서는 안 되고 우리의 생각과 관계의 내용을 바꾸는 것으로 가야한다."* 한살림을 준비하면서 무위당 장일순 선생을 비롯하여 박재일 선생 등이 나누었던 말이다. 우리는 물건을 교환하고 있지만 그 교환은 관계에 기반한다. 그리고 생산자는 소비자에게 물건을 팔고 소비자는 돈을 주고 물건을 사지만 궁극적인 목적은 서로 돌보기 위함이다. 소비자는 생산자의 생계를 돌보고 생산자는 소비자의 생활을 돌본다. 이렇듯 물건과 관계는 같이 간다.

나의 스승 알랭 까이에(Alain Caillé) 교수는 최근 한 단체와

---

* 너를 보며 나는 부끄러웠네, 179쪽.

의 인터뷰*에서 사회연대경제의 본질을 꿰뚫는 말씀을 하셨다. "사회연대경제는 자본주의와는 다른 경제모델이 아니다. 그게 작동하려면 다른 사회관계 모델이 되어야 한다. 그 결과로 경제적 효과가 발생한다. 이것은 민주적 운영원리로만 해결할 수 없다. 관계가 바뀌지 않으면 경제적 효과도 민주적 운영도 잘되지 않는다."

그런데 협동조합을 한다면서, 대부분 돈 걱정을 하며 돈에 의지하여 기업을 하는 경우를 많이 볼 수 있다. 조합원에게 경제적 이익을 줘야 한다고 배당을 자랑하는 경우도 보았다. 하지만 협동조합의 힘은 거기서 나오지 않는다.

지난해, 큰 재정적 어려움을 겪고 대책위원회를 꾸려서 점차 안정성을 찾은 품앗이생협의 이사장이 그랬다. "그동안 사실 품앗이생협에 '품앗이'가 없었다"고. 품앗이생협은 서로 돌보는 품앗이의 정신과 전통을 살리고 마을공동체들이 연합하여 호혜시장을 건설한다는 목표를 세웠지만 정작 조합원들의 품앗이를 조직하지 않았던 것이다. 아주 중요한 자각이다. 많은 개선책이 있었지만 다시 일어날 수 있었던 가장 큰 힘은 조합원의 자발적인 품앗이를 조직한 덕분이다. 우리는 협동조합을 하면서 무엇을 바꾸었나? 무엇이 바뀌었나?

---

* https://www.youtube.com/watch?v=Tvam7Lj3knk&t=1691s (2024.11.24. 인출)

그런 의미에서 "우리는 빵을 팔기 위해 일을 하는 것이 아니라 일자리를 창출하기 위해 빵을 파는 것이다."라는 말은 잘못 짚었다. 사회적기업의 의미를 전달하기 위해 자주 인용되는 말인데, 그러나 본질은 그것이 아니다. 우리는 먹고살기 위해 빵을 파는 것이지만, 또한 서로의 생계와 생활을 돌보기 위해 빵을 파는 것이다. 즉 우리는 서로 돌보는 관계로 바꾸기 위해 빵을 파는 것이다.

이 기본적인 관점부터 분명히 하지 않으면 협동조합 교육이니 컨설팅이니 다 허공에서 꽃을 꺾으려 하는 것과 마찬가지다.

사람의 관계를 바꾸려면 언어가 바뀌어야 한다. '언어는 존재의 집'이라고 했듯이 사람은 언어에 사로잡혀서 그 틀에서 세상을 바라본다. 대표적으로 양성평등이라고 하면 이 세상에는 남자 아니면 여자라는 두 가지 성밖에 없다고 생각하게 된다. 그러나 실제로는 남자의 몸이지만 여성성을 가진 사람도 있고, 여성이지만 남성성을 가진 사람도 있다. 그래서 이성애자만이 아니라 동성애자, 양성애자, 무성애자도 있다. 이런 실체를 인정하지 않고 언어에 사로잡히면 그렇지 않은 사람을 차별하고 배제하게 된다.

이런 측면에서 협동조합의 언어 또한 협동조합답게 바꾸는 것이 좋다. 예컨대 임직원들은 어떻게 하면 조합원이 '참여'할 수 있을지 고민한다. 그리고 모임 때마다 참여를 독려한다. 하지만 주인이기 때문에 참여해야 한다는 말이 그다지 효과가 없다. 사람들은 주인이라면 참여할 자유도 있고 참여하지 않을 자유도 있다고 생각하기 때문이다.

협동조합의 언어는 협동이 중심이 되는 관계의 언어가 되어야 한다. 그런 말을 주고받을 때 협동하는 관계가 형성된다. 그래서 회의나 토론, 의사결정보다는 생각의 협동이라는 언어를, 출자나 증자나 조합비는 자본의 협동이라는 언어를 사용하고, 조합원의 참여를 통한 운영은 노동의 협동이라는 언어로 표현할 때 '우리는 항상 협동하고 있구나'라고 느낄 수 있다.

그러면 우리는 왜 협동하고 있을까? 서로 돌보기 위해서다. 그래서 조직 운영이나 경영이라는 조합원 활동은 서로 돌보는 활동이라는 관점으로 정립할 필요가 있다. 앞서 말했듯 생산자는 소비자의 생활을 돌보고 소비자는 생산자의 생계를 돌본다. 조합원은 직원의 생계를 돌보고, 직원은 조합원에게 서비스를 제공하며 생활을 돌본다. 또 먼저 온 조합원들은 나중에 온 조합원들을 안내하며 돌보고, 신입 조합원들은 다음에 오는 조합원을 안내하며 돌본다. 이렇게 호혜적 돌봄, 순환적 돌봄이 어우러질 때 지금도 협동하고 나중에도 협동하는 문화가 정착된다.

돌봄은 사람들을 결속하게 만든다. 왜냐하면 서로 주고받는 관계를 만들기 때문이다. 사고파는 관계로만은 결속이 생기지 않는다. 사고파는 시장관계는 오히려 상대방과 적대적인 관계를 형성한다. 사는 사람은 더 싸고 좋은 것을 원하고, 파는 사람은 더 비싸게 받아 더 많은 이윤을 남기려고 하기 때문이다. 그래서 매출이 떨어지는 곳이 할인한다고 문제가 해결되지 않는다.

그러면 서로 돌보는 관계로 만들어진 조합원들의 결속은 어떤 효과를 불러일으킬까? 가장 큰 효과는 조합원들의 주인노릇이 활발해진다는 것이다. 우리는 보통 주인노릇이라고 하지 않고 자발적인 참여라고 한다. 그런데 자발성이라는 것은 자기가 원해야 발현되기 때문에 원칙으로 강요할 수 없다. 게다가 원래 자발적인 사람, 비자발적인 사람이 따로 존재하지 않는다. 어떤 일은 자발적으로 나서고 어떤 일은 무관심하다. 그 차이는 어디서 생길까? 해답은 관계에 있다.

애초에 사회의 토대는 사고파는 계약이 아니라 주고받는 선물로 이루어져 있다는 위대한 사실을 발견한 마르셀 모스*는 이렇게 썼다. "선물은 이론적으로는 자발적이지만 현실적으로는 의무적으로 주고, 받고, 되돌려주는 형태였다." 마르셀

---

*마르셀 모스(Marcel Mauss)는 한국에서 《증여론》으로 번역된 《선물, *L'essai sur le don*》의 저자이며 열렬한 협동조합운동가였다. 그의 책 《선물》은 이후 많은 학자들에게 영향을 미쳤고, 특히 사회적경제와 협동조합의 이론적 기반을 형성하는 데 기여가 컸다.

모스는 선물이라는 것이 주고 싶으면 주고, 받기 싫으면 안 받아도 되는, 주는 사람의 마음과 받는 사람의 마음에 달린 임의적이고 우연적인 것이 아니라는 사실을 발견했다. 사실은 주지 않으면 안 되고, 또 준 것을 받지 않으면 안 되는 의무가 작용한다. 그래서 선물의 '자발적인 성격'이라는 특성에 주목한 것이다.

'자발적인 성격'이 가지는 모순된 의미를 조금 더 생각해볼 필요가 있겠다. 자발적(voluntary)이라는 말의 뜻이 '본인이 원해서', 또는 '본인의 의지에 기초한'이라는 뜻을 가질 뿐 어떤 도덕적 의무감이나 스스로 강제하는 성격을 배제하지는 않는다. 예컨대 아프리카의 난민을 돕기 위해 자원활동을 하는 단체를 아우르는 부문을 자원부문(voluntary sector)이라고 한다. 자발적인 행위나 활동은 스스로의 결정이지만 도덕적 의무감이나 사회적 강제력의 작용을 피할 수 없을 것이다. 그러니 당장 경제적인 이익이 없어도, 때로는 심지어 자기의 돈을 들여서라도 남을 돕는 활동을 '기꺼이' 하는 사람들과 그들의 조직이 있다.

이제 서로 돌보는 관계가 왜 중요한지, 그것을 통해 생긴 결속이 어떤 결과를 만드는지 관점을 잡았을 것이다. 자발적인 참여는 남이 강제하는 것이 아니라 스스로 강제하는 의무감이 작용한 것이다. 우리 사회에도 자발적으로 자원봉사를 하는 사람들이 많다. 그 동기가 신앙이나 신념이기도 하지만 기본적으로는 사람들과의 관계에 대한 인식에서 나온다.

내가 가지 않아서 모임이 안 되면 어쩌나 하는 걱정은 그 모임을 하는 사람들과의 관계성에서 생긴다. 일부러 못난이 과일과 야채를 고르는 사람은 이게 안 팔리면 농사짓는 사람이 어려울까 걱정하는 마음에서 산다. 걱정은 연민의 정이기도 하지만 기본적으로는 그 사람과 내가 따로 떨어진 상관없는 사람이 아니라는 연결성이 작용하는 것이다.

그래서 협동조합의 조합원이 결속하고 협동하여 주인노릇을 하도록 하려면 서로 돌보는 조합원 관계가 토대가 되어야 한다. 노동의 협동은 이렇게 조합원들이 서로 돌보는 관계를 만들기 위해 필요하다. 다른 조합원이 장 보거나 치료받을 때 아이를 돌보는 일, 직원이 일할 때 조합원 안내를 맡아 직원을 돌보는 일, 교육에 참여하는 조합원들을 위해 자리를 배치하고 다과를 준비하며 돌보는 일 등 노동의 협동으로 무수히 많은 돌봄이 생길 수 있다. 그러니 협동조합은 관계의 변화를 통해 경제적인 효과를 보는 기업이라는 것을 꼭 기억하자.

3

협동조합 지역사회

"상주. 정말 살기 좋은 도시로 만들 수 있습니다. 뭔가를 '유치'하는 것이 아니라, 우리 시민들이 살기 좋은 도시를 구상하고 만들 수 있습니다.

저는 이제 제대로 자리 잡은 '로컬푸드 상주생각'을 보면서 희망을 봅니다. 시민들이 돈을 모아서 협동조합을 만들고, 상주 농민들이 상주 시민들의 먹거리를 책임지는 시스템을 만들어냈습니다. 상주시의 도움 없이 상주농민과 시민이 협동하고 있습니다. 더 발전해서 상주가 먹거리 자급도시로 발전할 수 있을 것입니다.

또 최근 상주의료사협이라는 협동조합이 만들어졌습니다. 이것 역시 시민들이 돈을 모아서 시민들이 운영하는 병원을 만들고, 발전을 시켜서 마을 단위의 건강지키기가 가능하도록 하자는 것이지요. 우리가 늙으면 당연히 가야 하는 '요양원'이 아니라 내가 살고 있는 우리 집에서 의료혜택을 받을 수 있는 체제를 만들기 위한 협동조합입니다. 내년 1월에 병원 개업을 한다고 합니다. 전국에서 이렇게 성공적으로 일이 진행되는 아주 드문 사례 중에 하나입니다.

지금 시민들은 먹거리와 의료를 스스로 해결하기 위해서 주머닛돈을 털어서 협동조합을 만들고, 스스로 살기 좋은 상주를 만들어가고 있습니다."

이 책을 쓰느라고 정신이 없을 때 페이스북에서 지인의 글이 눈에 확 들어왔다. 경북 상주시는 군부대 및 포 사격장 저지를 위한 시민연대를 추진하고 있다. 이 글은 '상주시민 행동의 날'에 대표 발언을 한 송○○ 님의 글에서 가져왔다. 여기서 나는 협동조합 지역사회를 보았다. 송○○ 님은 이미 그것을 품고 있는 사람이다.

저항을 위해서도 협동이 필요하다. 상주시민의 연대는 어떤 힘에서 나왔을까? 나는 그 단서를 20여 년 전 상주 농민들과의 만남에서 찾을 수 있었다. 상주귀농운동본부에서 개최한 교육 프로그램에 강의를 간 적이 있었다. 끝나고 농민들과 뒤풀이를 하면서 상주 곶감이 유명한 이유를 물으며 이런저런 얘기를 나눴다. 그분들은 자랑스럽게 내게 말했다. "상주에서는 새로 귀농한 사람들이 밥 굶도록 내버려두지 않습니다. 우리는 타지에서 온 사람이라고 텃세 부리지 않고 다 품습니다." 그때의 말이 잊히지 않는다.

지금 상주에서 일어나는 집결하는 저항의 힘은 그 협동의 힘에서 나온 것이라 생각한다. 그래서 저항하는 와중에 연대의 대표자는 협동으로 지역사회를 살 만한 곳, 살기 좋은 곳을 만들어가는 경험을 일깨운 것이리라. 협동의 경험이 가르쳐주었을 것이다. 정치인이나 대기업이 아니라 거기 사는 시민의 힘으로 삶의 터전을 지키고 가꿀 수 있다는 것을.

협동조합 지역사회의 꿈은 스페인의 몬드라곤이나 이탈리아의 볼로냐에서만 찾을 수 있는 것은 아니다. 전남 영광군의 시골 마을 여민동락공동체와 사회적협동조합, 경남 남해군 상주면의 동고동락사회적협동조합, 서울 도봉구의 지역자활센터가 주축이 되어 만든 협동조합들과 여성들이 나서서 만든 협동조합들, 그들은 각각 작은 점으로 시작하여 선을 긋고 면을 만들어 지역사회로 확장되고 있다. 6원칙 '협동조합 간 협동'은 크고 작은 단위에서 협동조합 지역사회의 씨앗을 뿌리고 있다.

《서기 2000년의 협동조합》에서 레이들로 박사는 이념의 위기를 겪는 협동조합의 선택지로 협동조합 지역사회를 제시했다. 세계화된 세상에서 '협동조합공화국'의 이상을 실현하기는 어렵지만 지역사회에서 개입의 여지가 있기 때문이다. 그래서 '협동조합 간 협동'은 지역사회라는 지평을 가질 때 실천할 수 있다.

앞으로 협동조합의 열쇠말은 '기후, 돌봄, 평화'가 될 것이라고 생각한다. 기후위기에 대응하기 위한 에너지 전환과 지역의 자급체계를 갖추고, 사회 붕괴에 대비할 돌봄망을 구축하고, 날로 확대되는 전쟁의 위협에서 벗어나기 위해 평화주의자가 되어야 한다. 그것이 가능하려면 경험하고 체험하는 교육으로 지역사회 접촉면을 넓혀야 할 것이다. 협동조합 지역사회의 전망이 있어야 가능한 일이다.

살림의료사협의 조합원들이 종종 외치는 구호가 있다. "여성주의만으로 더 나은 세상을 만들 수는 없다. 그러나 여성주의 없이 더 나은 세상을 만들 수 없다." 마찬가지로 협동조합 덕후로서 나는 이렇게 생각한다. "협동조합만으로 더 나은 지역사회를 만들 수는 없다. 그러나 협동조합 없이 더 나은 지역사회를 만들 수 없다." 세상을 위한 일만이 아니라 나의 생명과 안전을 지키기 위한 비빌 언덕을 만드는 일이기도 하다.

그 현장에서 때로는 저항해야 하고, 때로는 새로이 건설해야 할 것이다. 그때 협동의 에너지가 뿜어져 나오도록 협동하는 사람들의 협동조합이 되었으면 한다. 그리고 이 책의 독자들이 그 길의 길동무가 되기를 소망한다.

● 공동생산에 참여한 분들 ●

|후원|

강봉심, 권혁범, 모심과살림연구소, 박종숙, 박준영, 신은옥,
오성진, 원주협동사회경제네트워크, 이철진, 장동순, 정원일,
조정옥, 최봉섭

|선주문|

개인/모임

박종희, 박찬무, 최인묵, 노원사경피아노포르테(강봉심, 백미선,
우순영, 인정현 등), 성공회대 사회적경제대학원 협동조합MBA 4기,
주수원, 윤희경, 오창호

단체(지역별)

• **서울경기** : 모심과살림연구소, 우리동물병원생협사협,
함께걸음의료사협, 어르신휴센터, 도봉지역자활센터,
사협도전연구소, 도봉행복클린협동조합, 도담마을사협,
다다름협동조합, 공릉꿈마을협동조합, 마포의료사협,
살림의료사협, 시흥희망의료사협, 안산의료사협, 안성의료사협

- **경상도** : 상주다움사협, 상주로컬푸드협동조합, 상주의료사협

- **전라도** : 전주의료사협, 다문화공동체동행, 여민동락공동체

- **대전충청** : 사협 '협동조합친구들', 민들레의료사협,
  산촌교육마을단비사협, 푸른내살림터협동조합, 하늘지기꿈터사협,
  천안사회경제연대, 충남사회경제네트워크, 사협충주교육넷,
  마을과교회

- **강원도** : 원주협동사회경제네트워크

깊은 협동을 위한 작은 안내서

1판 1쇄 발행 2024년 12월 20일

지은이 김신양

펴낸이 전광철 **펴낸곳** 협동조합 착한책가게

주소 서울시 마포구 독막로 28길 10, 109동 상가 b101-957호

등록 제2015-000038호(2015년 1월 30일)

전화 02) 322-3238 **팩스** 02) 6499-8485

이메일 bonaliber@gmail.com

홈페이지 sogoodbook.com

ISBN 979-11-90400-61-9 (03300)